交通与交流系列

航海史话

A Brief History of Sailing in China

王杰 李宝民 王莉 / 著

社会科学文献出版社
SOCIAL SCIENCES ACADEMIC PRESS (CHINA)

图书在版编目（CIP）数据

航海史话/王杰，李宝民，王莉著.—北京：社会科学文献出版社，2012.3（2014.8重印）
（中国史话）
ISBN 978-7-5097-3096-6

Ⅰ.①航… Ⅱ.①王… ②李… ③王… Ⅲ.①航海-交通运输史-中国 Ⅳ.①F552.9

中国版本图书馆CIP数据核字（2011）第282652号

"十二五"国家重点出版规划项目

中国史话·交通与交流系列

航海史话

著　　者 / 王 杰　李宝民　王 莉
出 版 人 / 谢寿光
出 版 者 / 社会科学文献出版社
地　　　址 / 北京市西城区北三环中路甲29号院3号楼华龙大厦
邮政编码 / 100029
责任部门 / 人文分社（010）59367215
电子信箱 / renwen@ssap.cn
责任编辑 / 陈旭泽　宋荣欣
责任校对 / 郭艳萍
责任印制 / 岳 阳
经　　销 / 社会科学文献出版社市场营销中心（010）59367081　59367089
读者服务 / 读者服务中心（010）59367028
印　　装 / 北京画中画印刷有限公司
开　　本 / 889mm×1194mm　1/32　印张 / 6.375
版　　次 / 2012年3月第1版　字数 / 126千字
印　　次 / 2014年8月第2次印刷
书　　号 / ISBN 978-7-5097-3096-6
定　　价 / 15.00元

本书如有破损、缺页、装订错误，请与本社读者服务中心联系更换
版权所有　翻印必究

《中国史话》编辑委员会

主　　任　陈奎元

副 主 任　武　寅

委　　员　(以姓氏笔画为序)

　　　　　卜宪群　王　巍　刘庆柱
　　　　　步　平　张顺洪　张海鹏
　　　　　陈祖武　陈高华　林甘泉
　　　　　耿云志　廖学盛

总　序

　　中国是一个有着悠久文化历史的古老国度，从传说中的三皇五帝到中华人民共和国的建立，生活在这片土地上的人们从来都没有停止过探寻、创造的脚步。长沙马王堆出土的轻若烟雾、薄如蝉翼的素纱衣向世人昭示着古人在丝绸纺织、制作方面所达到的高度；敦煌莫高窟近五百个洞窟中的两千多尊彩塑雕像和大量的彩绘壁画又向世人显示了古人在雕塑和绘画方面所取得的成绩；还有青铜器、唐三彩、园林建筑、宫殿建筑，以及书法、诗歌、茶道、中医等物质与非物质文化遗产，它们无不向世人展示了中华五千年文化的灿烂与辉煌，展示了中国这一古老国度的魅力与绚烂。这是一份宝贵的遗产，值得我们每一位炎黄子孙珍视。

　　历史不会永远眷顾任何一个民族或一个国家，当世界进入近代之时，曾经一千多年雄踞世界发展高峰的古老中国，从巅峰跌落。1840年鸦片战争的炮声打破了清帝国"天朝上国"的迷梦，从此中国沦为被列强宰割的羔羊。一个个不平等条约的签订，不仅使中国大量的白银外流，更使中国的领土一步步被列强侵占，国库亏空，民不聊生。东方古国曾经拥有的辉煌，也随着西方列强坚船利炮的轰击而烟消云散，中国一步步堕入了半殖民地的深渊。不甘屈服的中国人民也由此开始了救国救民、富国图强的抗争之路。从洋务运动到维新变法，从太平天国到辛亥革命，从五四运动到中国共产党领导的新民主主义革命，中国人民屡败屡战，终于认识到了"只有社会主义才能救中国，只有社会主义才能发展中国"这一道理。中国共产党领导中国人民推倒三座大山，建立了新中国，从此饱受屈辱与蹂躏的中国人民站起来了。古老的中国焕发出新的生机与活力，摆脱了任人宰割与欺侮的历史，屹立于世界民族之林。每一位中华儿女应当了解中华民族数千年的文明史，也应当牢记鸦片战争以来一百多年民族屈辱的历史。

当我们步入全球化大潮的 21 世纪，信息技术革命迅猛发展，地区之间的交流壁垒被互联网之类的新兴交流工具所打破，世界的多元性展示在世人面前。世界上任何一个区域都不可避免地存在着两种以上文化的交汇与碰撞，但不可否认的是，近些年来，随着市场经济的大潮，西方文化扑面而来，有些人唯西方为时尚，把民族的传统丢在一边。大批年轻人甚至比西方人还热衷于圣诞节、情人节与洋快餐，对我国各民族的重大节日以及中国历史的基本知识却茫然无知，这是中华民族实现复兴大业中的重大忧患。

中国之所以为中国，中华民族之所以历数千年而不分离，根基就在于五千年来一脉相传的中华文明。如果丢弃了千百年来一脉相承的文化，任凭外来文化随意浸染，很难设想13亿中国人到哪里去寻找民族向心力和凝聚力。在推进社会主义现代化、实现民族复兴的伟大事业中，大力弘扬优秀的中华民族文化和民族精神，弘扬中华文化的爱国主义传统和民族自尊意识，在建设中国特色社会主义的进程中，构建具有中国特色的文化价值体系，光大中华民族的优秀传统文化是一件任重而道远的事业。

当前，我国进入了经济体制深刻变革、社会结构深刻变动、利益格局深刻调整、思想观念深刻变化的新的历史时期。面对新的历史任务和来自各方的新挑战，全党和全国人民都需要学习和把握社会主义核心价值体系，进一步形成全社会共同的理想信念和道德规范，打牢全党全国各族人民团结奋斗的思想道德基础，形成全民族奋发向上的精神力量，这是我们建设社会主义和谐社会的思想保证。中国社会科学院作为国家社会科学研究的机构，有责任为此作出贡献。我们在编写出版《中华文明史话》与《百年中国史话》的基础上，组织院内外各研究领域的专家，融合近年来的最新研究，编辑出版大型历史知识系列丛书——《中国史话》，其目的就在于为广大人民群众尤其是青少年提供一套较为完整、准确地介绍中国历史和传统文化的普及类系列丛书，从而使生活在信息时代的人们尤其是青少年能够了解自己祖先的历史，在东西南北文化的交流中由知己到知彼，善于取人之长补己之短,在中国与世界各国愈来愈深的文化交融中,保持自己的本色与特色,将中华民族自强不息、厚德载物的精神永远发扬下去。

《中国史话》系列丛书首批计200种,每种10万字左右,主要从政治、经济、文化、军事、哲学、艺术、科技、饮食、服饰、交通、建筑等各个方面介绍了从古至今数千年来中华文明发展和变迁的历史。这些历史不仅展现了中华五千年文化的辉煌,展现了先民的智慧与创造精神,而且展现了中国人民的不屈与抗争精神。我们衷心地希望这套普及历史知识的丛书对广大人民群众进一步了解中华民族的优秀文化传统,增强民族自尊心和自豪感发挥应有的作用,鼓舞广大人民群众特别是新一代的劳动者和建设者在建设中国特色社会主义的道路上不断阔步前进,为我们祖国美好的未来贡献更大的力量。

2011年4月

目 录

引 言 ………………………………………………… 1

一 海外迁徙第一旅 ………………………………… 3
  1. "殷人渡航美洲之谜" ………………………… 3
  2. 徐福东渡日本的传说 ………………………… 8

二 扬帆远航印度洋 ………………………………… 15
  1. "汉使航程"——第一条印度洋
    远程航线 ……………………………………… 15
  2. "广州通海夷道"——唐代的印度洋
    远洋航线 ……………………………………… 19
  3. 宋人横渡印度洋 ……………………………… 22

三 僧人航海亦英雄 ………………………………… 28
  1. 法显万里归故乡 ……………………………… 28
  2. 鉴真东渡日本传经 …………………………… 34

四 宋元航海起高峰 ………………………………… 42
  1. 从"饶税"政策谈起 ………………………… 43

2. 宋高宗与南宋海外贸易 …………………… 45
　　3. "海漕"——南粮北调的故事 …………… 49

五　郑和奉使下西洋 ………………………………… 55
　　1. 非凡的经历和肩负的使命 ………………… 55
　　2. 15世纪最大规模的远洋船队 …………… 59
　　3. 七次下西洋 ………………………………… 64

六　航海技术话春秋 ………………………………… 74
　　1. 司南、指南针和针盘 ……………………… 74
　　2. 化平凡为神奇的"过洋牵星术" ………… 79
　　3.《郑和航海图》的故事 …………………… 84

七　中国古代海事法规探源 ………………………… 88
　　1. 惊鸿一瞥的"元丰法" …………………… 88
　　2. "奸臣"制定的法规 ……………………… 91

八　甲板上的"故事"
　　——中国古代海员职务漫谈 ……………… 95
　　1. 从"李充公凭"看宋元海员职务 ………… 95
　　2. "丰利船日记备查"与明清海员职务 …… 99

九　从市舶司到海关 ………………………………… 103
　　1. 宦官与市舶使 ……………………………… 104

2. 市舶司的变迁 ············ 107
3. 海关昔日谈 ············ 111

十 古港沧桑 ············ 116
1. 四大港口之"谜" ············ 116
2. 刺桐港兴衰记 ············ 121
3. 上海港的兴起 ············ 125

十一 铁蹄下的近代中国航权 ············ 129
1. 航权的丧失 ············ 129
2. 最早侵入中国的外国船 ············ 133
3. 外国在华航运企业的设立 ············ 135
4. 各航运企业在华的竞争 ············ 136

十二 "无可奈何花落去"的近代帆船航运业 ············ 141
1. 19世纪前期的中国帆航业 ············ 141
2. 中国远洋帆航业衰落的因素 ············ 143
3. 中国沿海帆航业的衰落 ············ 147

十三 走过沧桑路,难航近代船
——近代招商局史话 ············ 154
1. "洋务运动"的产儿 ············ 154

2. 招商局早期的经营 …………………………… 157
3. 招商局体制的演变 …………………………… 161

十四　"功过是非难相抵"的战时招商局 ……… 166
1. 抗战时期的招商局 …………………………… 166
2. 抗战胜利后的招商局 ………………………… 167

十五　近代民族轮航业的楷模
　　　——民生公司 ……………………………… 175
1. 卢作孚与"民生轮" ………………………… 175
2. "化零为整"，称雄川江 …………………… 176
3. 任人唯贤，事业兴旺 ………………………… 179
4. 共赴国难，抗战有功 ………………………… 180
5. 扬威海洋，夙愿以偿 ………………………… 181
6. "民生精神"的崩溃 ………………………… 182

引 言

我国的航海，历史悠久。早在七千年前的新石器时期，我们的祖先已能用火和石斧"刳木为舟，剡木为楫"，从而揭开了利用原始舟筏进行海上航行的序幕。奴隶社会时期，随着木板船的逐步诞生，出现了大规模的海上运输和海上迁徙，中国航海事业开始形成。此后，历经秦汉、隋唐、宋元三个大发展时期，到明初郑和七下西洋，将中国古代航海事业推向了顶峰，也在整个人类航海史上树起了一座不朽的丰碑。

1840年鸦片战争以后，由于封建势力的腐朽和帝国主义的侵略，中国一步一步地沦为半殖民地半封建社会。航权不断丧失，外国航业入侵和对中国航运的垄断，使中国传统的木帆船航业迅速陷入了全面破产的悲惨境地。虽然在洋务运动的浪潮中，清政府创办了轮船招商局，揭开了中国近代航海事业的历史一页，但在帝国主义与封建主义的双重钳制下，发展极其缓慢。至于民营轮船业更是处境艰难，进退维谷，只能在夹缝中生存。

1949年10月1日，中华人民共和国成立，中国的航海事业获得了新生。经过几十年的大力发展，基本上形成了具有中国特色的社会主义航海事业。到1994年为止，中国大陆已拥有近海船舶700余万载重吨，远洋船舶2200余万载重吨，跃居世界主要海运国家的第5位；悬挂五星红旗的船舶，已在世界160多个国家和地区的600多个港口的上空高高飘扬。

"以史为鉴，可知兴替。"纵观我国的航海史，我们可以深刻地体会到，坚持对外开放，是一个民族一个国家不断发展自己、自立于世界民族之林所必需的基本国策。实行对外开放，积极扩大对外经济文化往来，国家的航海事业以及整个经济就得到促进，走向繁荣和进步；反之，国家的航海事业及整个经济就受到窒息，处于停滞和衰退境地。

以上是我们在写作过程中形成的一点认识，也是我们从事教学和科研的心得。本书的编写由大连海事大学港口与航运研究所航海史研究室承担，参加编写的同志有王杰、李宝民、王莉，王杰负责全书的统稿工作。由于我们水平不高，书中肯定会有许多错误和缺点存在，欢迎广大读者批评指正。

一　海外迁徙第一旅

大家知道,我们中国是海外移民最多的国家之一,海外华侨几乎遍布世界各地。然而,你知道我国最早的海外迁徙是从什么时候开始的吗?他们又是怎样完成海外迁移的呢?事情还要从三千多年前的商代说起……

"殷人渡航美洲之谜"

1996年9月的一天,美国华府的国家艺术画廊,正在举办一项美洲文明展览。熙熙攘攘的人群中,有一个名叫陈汉平的中国学者,也在浏览着这些古代文物。猛然间,一片玉圭引起了他的注意。原来,这块1956年在墨西哥出土的玉圭上刻有四个符号,与三千多年前的中国商代文字一模一样,陈汉平甚至可以读出这四个竖排符号的大意。有人会问:这是怎么回事?古老的中国与美洲文明有什么联系呢?这就要从殷人东渡的传说谈起了。

所谓"殷人"就是指商朝人。由于他们的始祖契居于商（今河南商丘南），公元前16世纪汤所建立的奴隶制国家，便被称为"商"。到商代第20代君王盘庚迁都于殷（今河南安阳西北）之后，商又被叫做殷商，其国民也就被称做"殷人"了。

相传公元前1121年，周武王趁商纣王派大军征讨东夷"人方"（在今山东）之际，发兵伐商。殷都城内只有纣王的少数人马，为了庆祝战胜"人方"，他们一个个喝得酩酊大醉，东倒西歪地躺在地上。殷历正月初二拂晓，城外出现了一支军队，原来，周武王率军经六天六夜急行军已兵临城下。纣王在睡梦中被惊醒，急忙仓促应战，结果兵败自杀。商在中国的统治地位也被西周取代了。百姓沦为亡国奴。他们由于既没有土地，又没有生产技能，所以就到处流浪，挑着担子，走街串巷，以叫卖为生。从那以后，人们便把专门从事物品交换的人叫做"商人"，这个行当也就被叫做商业了。

虽然商朝灭亡了，但商朝留在"人方"的主力大军却成了周朝的心腹之患，为了防止殷人卷土重来，周武王的弟弟周公旦亲自率军向东追击。这批商朝将士，眼见故国已亡，归路已断，只好向东不停地撤退，到达海边时才发现已无路可走了，万般无奈之下，他们只好伐木造船，往大海深处逃去。那么这些殷人逃到什么地方了呢？

近几十年来，在墨西哥和中美洲一些国家，陆续发现了若干具有东方文化特征的遗物和遗迹，由此，有人十分大胆地推测早在三千年前，那些逃亡的殷人渡海到达了美洲大陆,并在那里定居,繁衍生息,成为当地最早的外来移民之一。

这种大胆推测的根据主要有以下三个:

第一,墨西哥古老的奥尔梅克文化,可能包含殷人的"杰作"。考古专家们曾在墨西哥古代奥尔梅克人聚居的地区,发现许多刻纹陶器和石雕人像,取名为"奥尔梅克文化"。在这个文化遗址中,先后发现过15尊巨石头像,都是用重达10吨以上的单块玄武岩巨石雕凿而成的,高1.5~2.9米,有些头像具有亚洲人种的特征,与中国人十分相像。他们大都面朝大海,遥望着彼岸。在该遗址地下还挖掘出16尊长颅方冠玉人,呈半圆形,朝向一个类似首领的红石雕刻人像。这些石像或玉人的头型很特殊,都是高长头型,这正是被殷商征服的东夷人的明显特征。特别是在这里同时还出土了6块玉圭,上面用阴文镌刻的文字与殷商甲骨文字的结构、书写方式基本相同,有的玉圭上还铭刻着殷商列祖列宗的名号。这一切,似乎都是在告诉人们,当初逃往墨西哥的殷人,就是用这种方式表达他们怀念祖国和家乡的心情,而被大家围在中间顶礼膜拜的那尊石像,则是他们效忠的商朝国君了。

第二,在墨西哥还发现了不少中国文字。如在一个陶制的圆筒上,有20多个与殷代甲骨文完全相同的"㕚"(帆)字。还有,在墨西哥靠近太平洋海岸出土的一块陶片上,刻有5行共计23个"亞"字的甲骨文。这块陶片上的锲文可能是殷逃亡者23族联合祭祖时,把"亞"字群(代表殷人23族)刻在祭器陶盆上的。

5

第三，在美洲太平洋沿岸发现了可能是殷人渡海遗留下来的"石锚"。1975年冬，美国地质调查局的一支打捞队，在加利福尼亚南部帕拉斯维德半岛浅海，发现了几个表面附有2～3毫米锰矿堆积的石制品，它的形制主要是圆柱形和三角形。其中最引人注目的是一块中间有孔、大而圆的石头。据美国圣地亚哥大学考古学教授詹姆斯·莫里亚蒂博士的考证，还有部分美国和中国学者的鉴定，认为北美太平洋沿岸从未发现这类人工石制品，亚洲却有此类石制品用做船锚的考古记录。如果按锰矿堆积物每千年1毫米计算，此物应为2000～3000年前从中国带来并沉于海底的遗物。由此，莫里亚蒂博士做出结论：在加利福尼亚发现的大石头是中国古代航海船只遗留下来的石锚或附具。国内也有学者认定，这些"石锚"就是殷人渡航美洲时，留下的遗物。

类似的根据还有很多，这里就不作介绍了。不过，有人会问，三千多年前船舶和航海技术都很落后，殷人怎么能渡过世界第一大洋——太平洋呢？从当时的造船技术和地理条件看，也还是有这种可能的。

先看一下商代的造船技术。在殷墟出土的甲骨文中，有几个"舟"字，分别为月、Ⅱ、冃。从字形看，当时已经能够造出较先进和成熟的木板船了。它具有方头、方尾、平底、左右对称、首尾上翘的特点，有甲板，而且很可能有横梁或横隔板结构。这对于增强船体的横向强度，抗衡海洋中的风浪是大有裨益的。甲骨文中，还有许多冃、凡（帆）字。有关奴隶主扬帆助航，从海路追捕逃亡奴隶的记载也较多。可见，在殷商时期，木帆船已经出现并被经常利用了。

再看一下地理条件。在太平洋有两条较稳定的向东海流。第一条是北太平洋海流。它位于北纬30°以北的西风带，常年向东流。流速为每小时12海里。第二条海流叫做赤道逆流。它位于北纬3°～10°之间，也是常年向东流。在东经180°处与南赤道洋流相遇后，分作两股。一股继续东流，另一股南下，形成东澳大利亚洋流，又转向东流，成为新西兰洋流，再合于南太平洋的西风漂流一直向东，流到南美的秘鲁等地。借助这种定向海流，殷人就有可能完成渡航美洲的壮举。

我们不难想象殷人东渡的壮丽情景：

当年奉命讨伐"人方"的殷军主力25万人，在归路已断的情况下，分作几路，乘坐竹筏或木帆船向东逃往海上。广阔的太平洋，平静的时候，像个温顺、腼腆的姑娘，而它发怒时，则像匹脱缰、奔腾的野马。在这变化无常的茫茫大海中航行，困难是可想而知的。风急浪高、粮食短缺，但是殷人不畏艰险、顽强搏斗。顺风的时候，他们扯起简单的风帆，借助风的推动前进；狂风大作时，他们收起风帆，任由船只顺风漂荡、随波逐流。在强大的风暴和海流作用下，逃亡者有的在东南亚诸岛屿、波利尼西亚诸岛、夏威夷等岛屿沿途被迫登陆滞留；有的经山东半岛、千岛群岛、阿留申群岛，最后抵达美洲；更多的人则漂洋过海，分别在今秘鲁、墨西哥、美国等海岸登陆。

东渡的殷人在美洲尤卡坦半岛上，仿照故都殷地安阳建立了新的国家——拉文塔。但是他们还是日夜思念故乡殷地安阳，每天吃饭、见面、睡觉前都念念不忘，虔诚地说着"Yindian"（殷地安）。两千多年后，航海探险家哥伦布才来到这里。本来他远航的目的地是传说中充满黄金的印度和中国，所以当他于1492年10月12日在萨曼岛登陆时，首先见到的是面庞宽阔、颧骨突出、头发黑直、汗毛稀少、皮肤微黄，与我们中国人极为相像的殷人后裔的面孔，听着他们口头禅般地念叨（殷地安），就以为到达了印度，遂将美洲的土著称为印第安人，以致谬传至今。①

殷人东渡到达美洲，成为当地最早的外来移民，同其他民族比较，印第安人就理所当然地成了土著居民了。

各位读者，上述说法还只是推测而已。殷人东渡是否属实，仍无明确无误的证据。

比如关于"石锚"，有的认为不是殷人的遗物，而是一百年前居住在那里的华工中的渔民丢弃的；也有的认为这种石制品的页岩是当地最常见的海岸岩层之一。其结论究竟如何，还有待于进一步研究和探讨。

2 徐福东渡日本的传说

两千多年前，徐福率童男童女、百工，航海东渡

---

① 连云山：《殷人东渡之谜今破解？》，《太平洋学报》1993年第1卷第1期，第44页。

去蓬莱仙山求长生不死之药,最后到达了日本。这个传说在中日两国民间源远流长,绵延不绝。那么,这个美丽的传说究竟是怎么回事呢?还得从"千古一帝"秦始皇说起。

公元前221年,秦扫平六国。秦王嬴政自称始皇帝,他废分封、立郡县、统一文字、修筑长城,表现出一个政治家的雄才大略。作为中国第一个皇帝,他自然是希望自己能长命百岁,以保万世基业永存。于是,他从登基的第三年开始,四次东巡海上,在"示强威,服海内",宣扬统一四海之功德的同时,寻找长生不死之药。就在这个时候,一个人物开始粉墨登场了。他就是徐福。

徐福,古称徐市(见图1),齐王建十年(公元前255年)生于秦统一中国前的齐国。他的家乡是秦时的齐郡黄县(今山东龙口)。自古以来,山东沿海的芝罘(今山东烟台)、蓬莱一带,时常出现海市蜃楼的幻景奇观,在科学尚不发达的年代,人们以为这便是神山仙境了。于是,从春秋战国时期开始,当地就有入海求仙的传统。求仙药、崇神仙、追求长生不死之风气浓厚,

图1 徐福像

以此为业的"方士"也就应运而生了。徐福就是当地一个有名的方士。

作为一名方士,徐福经常在外地活动,消息灵通,对秦始皇的暴政早有耳闻,想必他也得知皇帝即将东巡的消息,有心借机脱离苦海,寻找一方乐土。怎样才能成功呢?公开逃跑是不行的,搞不好会招来杀身之祸、诛灭九族的。仅靠个人也不行,没有足够的人力物力,就算逃出去了,也不能维持太久。看来,必须想出一个万全之策。徐福是个有心计的人,他想到以寻找神山仙药为名,出海远航,这既迎合了皇帝欲长生不老的心理,又能实现自己的理想,岂不是两全其美吗?恰逢秦始皇东巡海上,给了他成功的机遇。

始皇二十八年(公元前219年),始皇帝第一次东巡海上。他从首都咸阳出发,沿着驰道先上邹峄山(又名邹山,今山东邹县境内),再登泰山封禅立碑。然后到了渤海湾的黄县(今山东龙口),召集各方儒生、方士,研究封禅和求仙事宜。此时,侍从来报:"有一方士求见。"只见此人头戴方冠、长髯飘逸,颇有几分仙风道骨,皇上问道:"有何特长?"答曰:"自小便学会和掌握了封禅仪式、海上求仙之术。"皇上大悦,遂将他留在身边。在徐福的伴随下,秦始皇乘船向东航行,巡视了腄(今山东福山)、芝罘(今山东烟台)、成山(今山东半岛成山头)。然后转向南行,航达琅琊。琅琊是个重要的古港,春秋战国时期,越王勾践迁都于此,作观台,望东海,遗迹尚存。秦始皇非常高兴,在那里待了三个月,修筑琅琊台,刻石立碑,歌颂他"功盖五帝"的丰功伟绩。

一路上,徐福很得赏识,他窥视出皇帝求仙以期长生不死的迫切心情,便上书说:海中有三神山,名为蓬莱、方丈、瀛洲,有仙人居住,上有长生不老药。然后请求率人出海求仙。秦始皇大喜,立即让他征集童男童女,分别在琅玡湾内两个小岛上举行隆重的斋戒、沐浴仪式(今二岛一名斋堂岛,一名沐官岛)。一切准备就绪,船队出航了。他们沿岸向北航行,先到了崂山一带,短暂停留,补充必要的食物、淡水,随即再度起航(当地现有徐福岛、登瀛村以作纪念),但经过成山头时,船队遭到了风浪的袭击,损失惨重,只得失败而归。

始皇二十九年(公元前218年),秦始皇第二次东巡。在河南武阳博浪沙,受到了韩国旧贵族的袭击,幸免于难。为了解徐福出海结果,秦始皇继续坚持东巡,到黄县、芝罘,没有碰到徐福。"嗯,难道徐福又回到他的出发地了吗?"秦始皇边想边下令仪仗前往琅玡。果然不出所料,这次徐福主动前来拜见,不过他没敢对皇帝说实话,而是撒了一个谎,说:"已见到神山,拜见海神,请求延年益寿药,可海神嫌礼太薄,所以仙药只能看不能拿。臣问拿什么能换取,神要童男女、五谷种子、农具和工匠等等。"始皇听了又龙颜大悦,马上下令搜罗三千童男女,资以五谷种子百工而行,徐福此去,又是长时间没有音信。

这样一来二去,秦始皇对徐福等人不禁产生了怀疑。始皇三十二年(公元前215年),他第三次东巡

"游碣石"（今河北昌黎县北），考问入海方士，又把求仙希望寄托在燕地方士身上。出资派卢生、侯生求仙药。结果这二人也空手而返，因无法交差，便送上谶语："亡秦者胡也。"秦始皇听了惊恐万分，于是，派将军蒙恬发兵三十万北击胡（匈奴）。并于两年后，下令修筑长城。燕人入海也没求得仙药，秦始皇对方士极为不满。始皇三十五年（公元前212年），侯生、卢生逃走，始皇发怒，大骂徐福无能、卢生不忠，一怒之下，活埋了460多个儒生、方士，这就是历史上著名的"坑儒"事件。

花费了那么多的心血和钱财，却一无所获，秦始皇实在是不甘心。始皇三十七年（公元前210年），秦始皇最后一次东巡。再一次到琅玡，找到徐福。此时，徐福已风闻两年前始皇怒斥他以及坑杀儒生的事，料定自己耗资巨大，必遭谴责，便故作姿态地说："蓬莱药可得，可常被大鲨鱼等水中怪物所阻，故不得至。"秦始皇一听，焦急万分。俗话说，"日有所思，夜有所梦"。他还真的做了一个梦，梦见自己与海神作战。迷信的皇帝，非但没有责备徐福，反而增加投资，派人带上捕大鱼的武器装备，等候大鱼出现，发连弩射击。如此兴师动众，海中大鱼自然被吓跑了，始皇便乘胜追击，北上荣成山，没找到，又到芝罘，才追上巨鱼，射杀了一条。然后沿海西行，准备回咸阳。天有不测风云，秦始皇刚走到平原津（今山东德州境内），就染病不起。不久，病死在沙丘（今河北广宗西北）。随行的皇子胡亥为夺帝位，勾结大臣赵高、李斯秘不发丧，昼夜兼程赶往咸阳。

却说身在齐地的徐福，他根本不知道皇帝已死，自知不能蒙混到底，就想法逃离。

徐福先顺来路，海行回到家乡黄县。然后一边去现在河北山东交界的地方征集更多的童男童女（汉代曾设有千童县、千童城），一边加紧采购上好木材，打造楼船，作远航准备。

在一个雨过天晴的早晨，天边挂着一道彩虹，海面飘着淡淡的雾气，徐福率领上千童男女、百名工匠和其他随从人员，带上农具、五谷种子、武器等，分乘80余艘楼船，向着东方瑞祥之气出航了。前来送行的乡亲，看到他们渐渐消失在大海之中，就以为他们真的登上瀛洲成仙了，于是在当地修有紫藤阁，他们的出航地，就被称做登瀛村了。

徐福一行先到蓬莱，由此向北逐岛而行，经庙岛群岛抵达辽东半岛南端老铁山（今旅顺）。再沿岸向东行至鸭绿江口。然后沿西朝鲜湾南下，驶达朝鲜半岛东南部，留下一部分人耕种水稻，故当地名为辰（秦）韩，大部分人则随徐福过对马岛、冲岛、大岛，最后抵达日本北九州沿岸。

在日本，有关徐福的"遗迹"和传说很多。在九州岛佐贺县，建有供奉徐福的"金立神社"和"徐福上陆地"纪念石碑。据当地人说，徐福从九州的伊万里湾上陆，一无所获，仍乘船东驶，而后深入筑后川河口。当时，徐福斟满一杯酒，放在水面上，祈祷此行成功，奇怪的是，酒杯顺水漂流而去，徐福认为此乃神意，便尾随其后，到了一个岸边，正饥渴难忍，突然发现一干涸的古井，经过修整，井中冒出甜水，就决定暂住此地，以便继续寻找长生药。后来，徐福又听说距此不远的金石山上有仙药，但需穿过一大片沼泽地，徐福命人把带来的布铺在地上，顺利登山。由于沿途铺路使用了上千反（一反长2.8丈）的布，故今日的"千布村"由此得名。后来，徐福又转道濑户内海，到达熊野滩（今和歌山县新宫町附近）定居，直到去世。至今，当地还留有徐福墓、徐福古祠和徐福碑文，均对徐福东渡日本的始末有详细记载。类似的地方，在日本还有二十多处。

二 扬帆远航印度洋

谈起连接欧亚两大洲的古代"丝绸之路",人们往往会想到由我国西北出发,经过中亚和西亚,抵达地中海地区的陆上"丝绸之路"。其实,除了陆上"丝绸之路"外,还有另一条连接古代东西方的"丝绸之路",这就是从我国南方的港口出发,朝西航行越过北印度洋,抵达西亚、东非,再从陆路和地中海地区相连的海上"丝绸之路"。两千多年来,无数勇敢的中国海员历尽艰险,开辟了这条海上"丝绸之路"的远程航线,在中国和亚非人民之间,架起了一座友谊的"桥梁"。

1 "汉使航程"——第一条印度洋远程航线

汉代初年,面对满目荒凉的农村,官府一反秦朝的暴政,采取了清静无为、与民休息的政策,生产渐渐地恢复和发展起来。到了汉武帝上台的时候,汉朝的经济已经相当富庶,国家的粮仓甚至装不下农民缴来的粮食，国库里的铜钱也由于长年不用，连穿钱的绳子都烂掉了。汉王朝的国力达到了顶峰。在这样的情况下，汉朝的外交和贸易活动也空前活跃起来。

建元二年（公元前139年），汉武帝派遣著名的探险家张骞出使西域（古称玉门关、阳关以西的地区），带回了西方身毒（音yuán dú，古印度别称）、安息（古伊朗）、条支（古伊朗西南部一带）、黎轩（古罗马帝国）等国家的消息。在这些国家中，黎轩是一个大国，物产丰富，"其王常欲通使于汉"，很想与汉朝建立起直接的贸易关系。可是，由于连接两国的陆上商路长达数万里之遥，沿途地形复杂，政局动荡，关卡林立，往往不能畅通。为了缓解这一难题，汉王朝又把目光转向了人为干扰比较少的海洋，派遣使者开辟新的海上"丝绸之路"，于是产生了中国第一条印度洋远程航线（见图）。

根据大史学家班固在《汉书·地理志》中的描写，这条航线的大致情况是这样的：使者率领的船队先停泊在徐闻、合浦、日南障塞（今越南中部一带）三个汉朝港口，作好远航的准备。一切就绪后，船队便集结起来，向南方海域驶去。他们首先沿着越南海岸航行，绕过越南最南端的金瓯角，顺着暹罗湾和马来半岛沿岸南下，经过五个月的航行，到达马六甲海峡附近的都元国（今马来半岛南端，也有人认为今苏门答腊岛西北部）。从都元国继续航行，沿马来半岛西岸北上，历时四个月，抵达邑卢没国（今缅甸勃固）。由邑卢没国向西北航行二十余天，到谌离国（今缅甸蒲甘

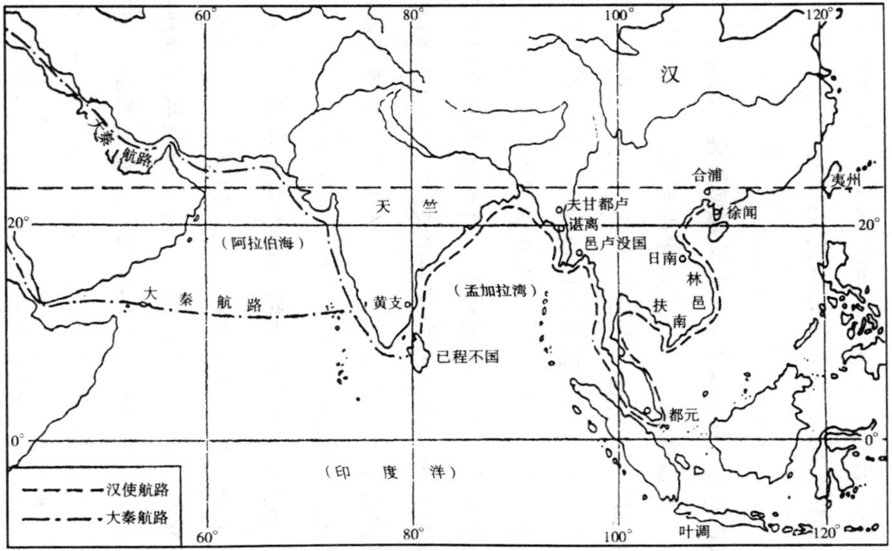

二 扬帆远航印度洋

图 2 西汉印度洋航路略图

附近的悉利），再从谌离国步行十余天，到达夫甘都卢国（今缅甸太公城）。自夫甘都卢国转向，顺印度半岛东岸朝南航行两个多月，抵达黄支国（今印度康契普拉姆）。最后，汉朝船队从黄支国继续南行，到达已程不国（今斯里兰卡），船队便开始返航了。（见图2）这条印度洋远程航线，是由汉朝廷派遣黄门译长（负责对外交往中翻译事务的官员）率领船队开辟的，所以今天的人们为了叙述方便，往往又把它加上"汉使航程"的名字。

由汉朝航海者开辟的这条印度洋航线，单向航程达上万公里，航期也要花费一年多时间。在当时船舶设施和航海技术都比较简陋的情况下，船员们的海上旅途生活是相当艰苦的。有的遭遇风浪袭击而葬身大海，有的患上疾病而客死他乡，有的碰到马六甲海盗的劫掠而人财尽失，幸存者也得数年之后才能归来。正是汉代海员们的鲜血和汗水，才铺就了这条印度洋远程航线，它也是世界上最早的远洋航线之一。

说来也巧，正当汉朝的船员们从东向西，前赴后继开辟了中国到印度航线的时候，西方黎轩国的水手们也在稍晚的时候自西向东，开辟了一条从红海到印度洋的航线。就这样，在汉朝和黎轩航海者的共同努力下，一条连接古代东、西方世界的海上"丝绸之路"正式形成了，汉朝和黎轩的商人们也可以在印度和斯里兰卡的市场里直接做生意了。根据古罗马一本名为《博物志》的书里介绍，汉朝的海商还在印度的科罗曼德和斯里兰卡建立了自己的贸易货栈，专门与来自埃及的西方船舶做生意呢。

"广州通海夷道"——唐代的印度洋远洋航线

汉武帝时期开辟的海上"丝绸之路",经过了七个多世纪的发展变化,到唐代进入了一个全面繁荣的时期。

唐王朝是中国历史上一个统一、繁荣、强盛的朝代。以均田制和租庸调法为代表的农业政策,大大减轻了农民的负担,增加了粮食产量。到唐玄宗执政的时候,一般百姓人家普遍储存了数年的粮食,国家粮仓里的粮食也堆积如山,甚至达到了"陈腐不可校量"的地步。农业的发达,带动了手工业的进步。丝织、染色、矿冶、陶瓷、造纸、制糖、造船等行业都有了较大的发展。据说天宝年间(742~755年),仅仅庸调一项,官府每年就可以收入绢布2100万匹,即使拿今天的标准来衡量,这个数目也大得惊人了。花样迭出的丝绸制品,已经成为唐王朝同海外各国贸易的"拳头"产品了。

随着唐朝经济的高度发展,对外贸易货物的数量不断增加,单靠陆上运输已十分困难了。陆运的主要运载工具是骆驼、马匹,这些畜力的运输量很小,运输费用高,货物的损失和消耗量大,而海运正好解决了这些问题。我们可以算一笔简单的账:假设一头骆驼能驮重300公斤的话,一支20头骆驼的商队也不过驮运6000公斤的东西,而唐代一艘普通海船一般都可以装载300000公斤以上的货物，相当于1000头骆驼的运量，海运的优越性是显而易见的。

除了海、陆运输工具有明显的差距之外，陆上"丝绸之路"的安全和可靠性也同样很成问题。7～8世纪，唐朝对突厥、吐蕃的长期战争，以及阿拉伯人对波斯（今伊朗）、中亚各国的军事扩张，都发生在陆上"丝绸之路"沿线，曾迫使这条商路屡屡中断。看来，为了保持东、西方经济贸易的畅通，必须避开冲突地区，转取两点一线的海上直达运输，中国与阿拉伯之间的海上"丝绸之路"于是就繁忙起来了。

唐代一个名叫贾耽的宰相，喜欢研究地理，曾经撰写了一部《古今郡国县道四夷述》的地理书。在这部书里，贾耽用"广州通海夷道"的名称，对当时的中国到印度洋航线作了详细记载。贾耽的著作，我们今天已经看不到了。但北宋大文学家欧阳修在编写《新唐书·地理志》的时候，把"广州通海夷道"摘录了下来。

唐代的这条印度洋航线，大致可以划分成三段。第一段航路，是从中国的广州港出发，沿着印度支那半岛东岸向南航行，然后越过暹罗湾，顺马来半岛东岸继续南下，航行至苏门答腊岛东南部，再驶抵爪哇岛。第二段航路，是由新加坡附近折向西北航行，穿过马六甲海峡，再取尼科巴群岛为中介，横越孟加拉湾而至印度半岛南端，继续沿着印度半岛西岸向西北航行，通过霍尔木兹海峡驶抵波斯湾湾头，然后顺着底格里斯河逆流而上，抵达阿拉伯帝国的都城巴格达。

第三段航路,是从波斯湾湾头的奥波拉港和巴士拉港起航,复出霍尔木兹海峡,再沿着阿拉伯半岛南岸西航,途经巴林、阿曼、也门等海岸,到达红海口,最后越过曼德海峡,南下驶抵东非海岸。

在贾耽记载的"广州通海夷道"之外,阿拉伯历史学家艾布·赛德·哈桑在《历史的锁链》一书中,还曾提到唐朝船舶到达过红海内的吉达港,并由此北上驶向埃及。其实,对备尝艰辛、万里迢迢航行到亚丁湾的中国航海者来说,再往前走几百公里,穿过红海"门户"曼德海峡进入红海,继续沿海北上抵达埃及,是一件相当自然的事情,在技术上也没有任何的困难。

中外海员们开辟的这条印度洋航线,第一次将东亚、东南亚、南亚、波斯湾和北非直接联系起来了,是当时世界上最长的一条远洋航线。即使以一位现代船长的眼光来看,这条航线也有值得称颂的地方:一是彻底扭转了汉代以来东西航线要经过印度沿岸中转的局面,真正实现了沟通亚非两洲的洲际航行;二是在航行过程中,曾经直航5天越过了暹罗湾,直航4天越过了西孟加拉湾,这在当时没有指南针定向技术的条件下,确实是难能可贵了。唐代中外航海者的探险精神,不禁令人肃然起敬。

沿着这条航线,许多唐王朝的商船从广州起航,络绎不绝地前往印度和阿拉伯各国的港口进行贸易。在阿拉伯帝国的都城巴格达,还出现了专门经营唐朝商品的"中国市场"。据一位曾到唐朝经商的阿拉伯人苏莱曼介绍，中国海船体积很大，吃水太深，甚至大到不能直接驶进西亚第一大河幼发拉底河，只得在河口附近的西拉夫港用小船驳运货物。设在故临（今印度奎隆）的一个海关关卡，在向过往商船征收船舶吨税（按船舶净吨位所征收的税）的时候，竟然还要中国商船缴纳比其他国家商船多出 2.5～5 倍的吨税，可见唐朝船舶大到了何种程度！海船的体积大，不仅使货物载运量增加了，而且使船舶抗风浪的能力增强了，航行安全提高了许多。唐代船舶由此名声大噪，"唐末五代间，阿拉伯商人东航者皆乘中国船"①，如果中国船舶一时没有驶抵西亚港口，商人们宁可耗费时间等候，也不愿意搭乘马上起航的其他国家船舶。这样看来，唐朝船舶在印度洋的客运领域几乎达到了"垄断"的地步。

直到今天，唐朝航海者开辟的这条沟通亚非两洲的远洋航线，还时常令人回味不已。近些年来，联合国教科文组织曾主持了一次海上"丝绸之路"的考察活动，基本上就是沿着唐代中外航海者开辟的这条航线进行的。唐朝海员们对中国和世界航海事业所作的贡献，正日益引起世人的重视。

3　宋人横渡印度洋

前面我们谈到，早在公元前 2 世纪的西汉，勇敢

---

① 〔日〕桑原骘藏：《蒲寿庚考》，中华书局，1954。

的中国海员就冲出了马六甲海峡，驶入陌生的印度洋水域。唐代中外航海者再接再厉，又进一步开通了亚非之间的洲际远洋航线，在红海和东非海岸已经能够看到中国商船的片片帆影了。但由于客观条件的限制，这些中国至印度洋航线都有一个"美中不足"的地方——航路基本上是沿岸航线。也就是说，汉唐时期前往印度洋的中国船舶，一路上还不敢离大陆太远，在绝大多数航段上只能沿着海岸线小心翼翼地前进。远离陆地的大洋航行，是由我国宋代航海家完成的，这就是宋人横渡印度洋的壮举。

　　汉代和唐代的印度洋航线，由于是沿岸航行，有关记载可以详细地描述途经的每一个港口和转向点，专家们只需要把这些港口和转向点的地理位置搞清楚，再把它们连接起来，就自然而然地画出一条完整的航线了。而宋代横渡印度洋的航线却没有这么简单，由于船舶是在无垠的大洋上长距离、不停顿航行，除了起点和终点的港口外，一路上没有任何陆地的标志可供记录，因此需要专家学者从古代简单的记载里，寻找蛛丝马迹，花费一番"推敲"的工夫了。宋代横渡印度洋航线的开辟，就是专家们根据两本南宋古籍的寥寥数语推断出来的。

　　引起专家兴趣的南宋古书，一本是曾任桂林通判（宋代州府长官的副手）的周去非撰写的《岭外代答》，另一本是当时的福建提举市舶司（古代主管某地海外贸易的官员）赵汝适（音 kuò）编写的《诸蕃志》。在这两本书里，赵汝适和周去非都不约而同地谈到这样一件事情：海外有一个名叫麻离拔的国家（今阿拉伯半岛南端卡马尔湾附近的佐法尔，一说在今印度马拉巴尔海岸一带），宋朝商船要想到那里去做生意，首先要在冬天从广州起航，乘着北风航行 40 天到达兰里（今苏门答腊岛西北端的亚齐），然后停下来"博易住冬"，在当地进行贸易活动，一直待到第二年的冬天，再乘着东北风从兰里出发，顺风航行 60 天，就到达麻离拔了。（见图 3）

在这里，从广州到兰里的航线只经过南海，难以引起专家的兴趣。值得注意的是从兰里到麻离拔的航线，船舶究竟是怎样航行的。是像唐代那样的沿着海岸前往呢？还是从兰里直接横渡印度洋前去的呢？对于这个航海之谜，专家们的解法简单明了：查阅《世界主要港口里程表》可知，从兰里到麻离拔的沿岸航线和横渡航线分别是 5434 海里和 3412 海里，宋代海船在不同风向（角）下的航行速度也能够估计出来（完全顺风时约为 70 海里/天），这样，根据 T（航行时间）$= \dfrac{L(航行距离)}{V(航行速度)}$ 的物理学公式，就可以分别求得沿岸航行和横渡航行所耗费的时间了。通过周密的计算，专家们最终得出的结果是，假如宋船从兰里到麻离拔走的是沿岸航线，它的航行时间就至少得 80 天以上，这与古书中记载的"顺风 60 天"差距实在太大了；如果宋船从兰里到麻离拔走的是横渡印度洋航线，它的航行天数为 63 天，与书中"顺风 60 天"的记载就基本一致了。显然，宋船从兰里到麻离拔是横渡印度洋前往的。

为了进一步说明问题，有关专家还从横渡航线沿途的风向、海流、海况、天气，甚至淡水供应等许多方面作了研究，得出了同样的结论。例如航行中必不可少的淡水供应，一艘海船搭乘 100 人，每人 1 天消耗 5000 毫升淡水，60 天直航就需要淡水 30000 公升，即 30 立方米或 30 吨水，宋代中型海船上的水舱设施是完全可以储存这些淡水的。

大家可别小瞧了这条横渡印度洋航线。在航海学看来，"沿岸"与"横渡"在技术难度上可是有着天壤之别的。沿岸航行的时候，一旦船上的食物淡水不够了，或者碰到了恶劣天气，船舶就可以迅速驶往陆地解决。横渡航行的时候，船上的食物淡水等后勤保障必须跟得上，万一航行中出现了困境，都要船员们独立解决。所以，两者对于船舶性能、沿途自然情况（天文、水文、气象等）的掌握、船舶的操纵技术等许多方面，要求绝对是大不一样的。

读者可以想象一下，800 多年以前的某个冬天，一条从马六甲海峡出发的中国商船，正在印度洋深处同惊涛骇浪搏斗着。船底漏水了，桅杆折断了，船舶偏离了航线……困难接踵而来，很快又被排除了。终于，前方出现了陆地，那就是麻离拔！海员们顿时忘记了疲劳，欢呼起来……这是一幅多么激动人心的场景啊！宋代航海者开辟的这条横渡印度洋航线，全程长达 2500 余海里，历时 60 天，充分展示出中国古代的远洋航行水平已经达到了一个新的高度。

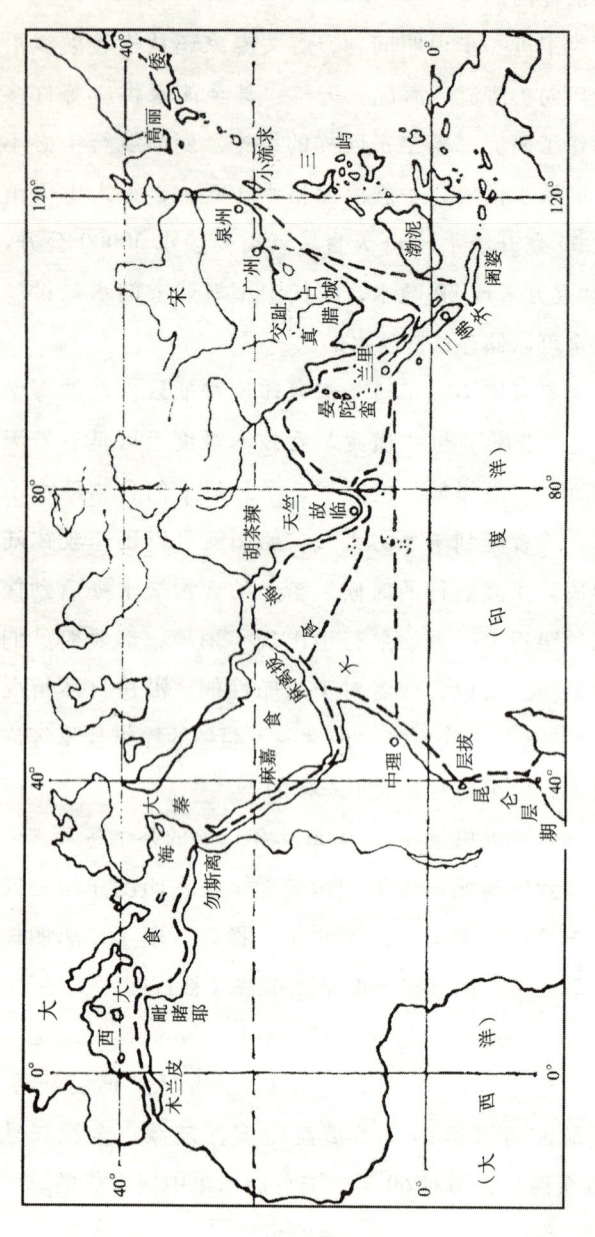

图 3　宋代主要远洋航路略图

通过广州—兰里—麻离拔航线，宋王朝与阿拉伯各国开展了频繁的贸易活动。当时，麻离拔是印度洋上"巨舶富商皆聚"的最大港口之一，东非、北非、西亚诸国都把货物运到这里交易，港内帆樯林立，商贾云集，百货齐全。《岭外代答》曾专门开列了一份麻离拔的出口或转口货物清单，计有"乳香、龙涎、真珠、琉璃、犀角、象牙、珊瑚、木香、没药、血竭、阿魏、苏合油、没石子、蔷薇水等货"，这些货物在宋朝全是"紧俏"商品，转手即可获利百倍。难怪宋朝海商要历经海上之苦，携带中国出产的丝绸、瓷器、铜铁器等"名牌"商品，直接前往麻离拔做生意呢。

三 僧人航海亦英雄

看到这个题目,人们也许要问:"僧人和航海有什么关系呢?"哎,你可别说,在我国古代不仅有像徐福东渡那样的千古流传的航海传说,而且还确有许多世外的僧人也亲自参加航海活动。他们有的是为了寻求佛教经典,有的是为了弘扬佛法,舍生忘死,乘危履险,留下了许多佳话。这里,就给大家介绍法显归国和鉴真东渡两则故事吧。

法显万里归故乡

法显(约342~423年),俗姓龚,平阳武阳(今山西临汾西南)人。他的三个哥哥都在很小的时候先后夭折了,父亲怕他也遭到厄运,便在他三岁那年,把他送到佛门当和尚了。法显聪明过人,为人正直勇敢,品行高尚,很快便在众僧中脱颖而出,20岁便受了大戒。

在研习佛教时,法显深感佛教自西汉末年传入中国之后,多由西域或印度译经师来华传授经典,往往造成经律残缺不全和释意不准。便立志寻找正宗经典。于是，在东晋隆安三年（399年），慨然以年近花甲的高龄，与十一个伙伴同行，去天竺（古印度）"寻求戒律"①。

　　法显一行从长安出发，循河西走廊，度陇山（今甘肃清水县东北），过流沙（今甘肃敦煌西面大沙漠），越葱岭（今新疆西部帕米尔高原及其南北西端附近诸山脉之通称），一路上困难重重。茫茫沙漠，上无飞鸟，下无走兽，只有以日月为伴，以尸骨作路标。气候恶劣，有时高温酷暑，有时又寒风骤起。好几个伙伴经不起这般折腾，死在了途中。生存下来的人矢志不移，终于在元兴二年（403年）到达北天竺南境，法显遍游印度各地，最后来到了佛教中心——摩竭提国首都巴连弗邑（今印度比哈尔邦之巴特那）。在那里留住三年，学习梵书、梵语，抄写经律，获得了大量佛教典藏。随后，法显前往印度的一个港口——多摩梨帝国（今印度加尔各答西南之坦姆拉克），在那里学习了两年后，又继续旅行。

　　义熙五年（409年），法显搭乘一条商船出海，趁着初冬的东北风，向西南方向航行了14个昼夜，到达另一个佛教国度——师子国（今斯里兰卡）。这里"多出珍宝珠玑"，各国商人都来此交易，是北印度洋的重要贸易港口，也是南亚的佛教圣地。法显在师子国寻访名山大寺，参拜佛宝神像。当地"无畏山"是一个拥有五千僧人的大寺院，寺内供有一尊二丈高的青玉

----
① 章巽：《法显传校注》，上海古籍出版社，1985。

佛像。一天，法显在佛像旁边的供物中，偶然发现了一把自己故乡东晋的白绢扇。禁不住悲从心来：离开祖国十多年了，每天接触的都是外国风情，举目无亲，可叹同行的伙伴有的献身于信仰死在寻法途中；有的慕恋天竺威仪，不思回归。环顾四周，只剩下独身一人，睹物思亲，怎能不潸然泪下，只是现在还有几部经典未得，暂且忍耐一下吧。两年后，当求得国内没有的几种经典后，归心似箭的法显，不顾外国僧友的挽留，急匆匆踏上了航海归国的历程。

义熙七年（411年）九月，法显搭乘一条可载200人的商船，计划横渡孟加拉湾，浮海东还。这条船装备较好，设施完善，船后还系有一条小船，类似于今天的救生艇，以备大船损坏时作应急之用。刚起航时，天公作美，正刮西风，船借风力向东顺利航行了两天。可是好景不长，接着旋风来袭，风力增大，风向不定，商船经不住狂风恶浪的袭击，不久便船破漏水。商人们见情况不好，争先恐后离开大船，抢登小艇，已经登上小艇的人，怕有更多的人涌入小艇受不了，便砍断绳索。大船上的人更加惊慌失措起来。怎么办？为了防止沉船，只有减轻船舶的重量了。船上的人纷纷把不值钱的东西扔到海里。法显也把随身携带的水瓶，陶罐等物抛进海中，唯恐商人将他呕心沥血求得的佛经佛像也丢下船去，便一心念佛，求佛保佑。就这样，在大风浪中搏斗了13个昼夜，才勉强航行到一个小岛（似是今尼科巴群岛）。待海潮退去，人们抓紧检修船只，将漏洞堵塞以后，又继续航行。

接下来的航程,更是艰难。听说海中常有海盗出没,干尽杀人越货的勾当,一旦遭遇,便不得生还。又听说,船只到了水浅、暗礁多的水域,容易触礁、搁浅,危及安全。为了防止此类事故发生,航船只得在远离陆地的深海区航行。可是,大海茫茫无边无际,辨不清东南西北。唯一的办法,就是借助日月星辰来确定航向。如果遇到阴雨天,也只好听天由命,随风飘荡了。当夜幕降临时,放眼望去,波浪起伏,磷光闪闪,像鬼火一般,阴森可怕。在船的周围,还常有鲨鱼,巨鲸等伴随左右,让船上的人更心惊肉跳,晕头转向。

如此在海中艰难航行了3个多月,总算抵达了一个叫耶婆提的国家(今苏门答腊东部,一说在今爪哇岛)。这个国家流行婆罗门教,老百姓不信佛,所以法显在此仅停留了5个月,暂作休整等候季风。

义熙八年(412年)四月十六日,法显再次乘坐一艘可载200多人的商船,带上50天粮食,离开耶婆提国,向东北方向的广州航行。按常规,这段航路最多航行50天便可完成。可结果却大大出乎人们的意料,法显此行又是历经磨难。

法显从耶婆提出发后,船舶便进入南海海区。这里每年4~9月份盛行西南季风,还时常伴随着台风。法显他们航行一个多月(估计已航达越南沿海)后,一天夜里,浓云低垂,不知不觉间,台风悄然地来临了。船上的人们顿时惊慌起来。吵吵嚷嚷,一片混乱。法显有了上一次的经验,仍一心念佛,祈求神灵保佑。一直熬到天亮,这时有几个婆罗门教徒看见法显,陡生恶意,议论说:"船上有这个和尚不吉利,才使我们吃这么大的苦,应该让他下船,留在海岛。不能因为他一个人让我们大家受难。"一边说着,一边动手要把他推下船去。法显的施主见状很生气,厉声斥责道:"你们如果敢逼他(法显)下船,干脆也把我推下去吧。否则,到了汉人的地方(指东晋),我一定向那儿的皇帝告你们的状。中国皇帝也敬信佛法,尊重僧人。到时候可别怪我不客气。"[1] 这样一说,那些人才有些害怕,不再相逼了。

由于接连阴雨天气,能见度差,船上的船工测向有误,结果本来50天就能到达广州,却航行了70多天,仍不见陆地的影子。船上的粮食、淡水基本用光了,只得用海水做饭。每人每天只能分到一点点饮用的淡水,不敢随便浪费,生活实在是艰苦极了。这时又有人议论开了,"通常最多航行50天便可到达广州,现在早已超过许多天了,是不是航向出了问题?"于是,商船调转船头向西北航行,果然在第12天,到达了一片陆地。船上的人们欢呼起来,纷纷下船汲取淡水,采挖青菜。但这究竟是什么地方呢?船上的人对此争论不休,有人说还没到广州,有人说已过了广州,莫衷一是。最后还得再派人乘小船靠岸,找当地人问一问。派出去的人碰见了两个猎人,一打听才知道船已到了东晋长广郡的牢山(今山东的崂山),超过广州已达数千里之遥了。

这样,法显历经3年的艰苦航海生涯,终于在义

---

[1] 章巽:《法显传校注》,上海古籍出版社,1985。

熙八年（412年）七月回到了祖国。4年以后，在别人的一再请求下，法显根据自己长达14年的海外旅行经历，撰写了一部大约一万字的名著《法显传》（又称《佛国记》、《佛游天竺记》）（见图4）。它是我国历史

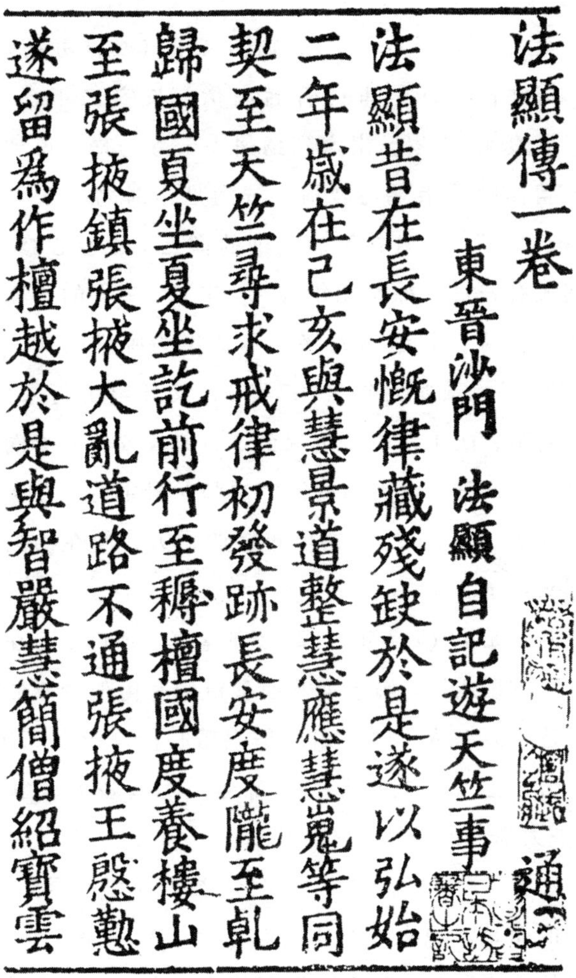

> 法顯傳一卷
>
> 東晉沙門　法顯自記遊天竺事
>
> 法顯昔在長安慨律藏殘缺於是遂以弘始二年歲在己亥與慧景道整慧應慧嵬等同契至天竺尋求戒律初發跡長安度隴至乾歸國夏坐夏坐訖前行至耨檀國度養樓山至張掖鎮張掖大亂道路不通張掖王慇懃遂留為作檀越於是與智嚴慧簡僧紹寶雲

图4　宋思溪圆觉藏本法显传

上第一部关于远洋航海的纪实性文献，具有重要的史料价值。

鉴真东渡日本传经

鉴真（688～763年），扬州江阳（今江苏扬州）人，俗姓淳于，是唐代著名高僧。长安二年（702年）鉴真刚14岁，出家到扬州大云寺为僧，得到名僧智满禅师的指导与教诲。智满是当时名扬天下的"受戒之主"。鉴真在智满大师的指点下，专心修行，学问大有长进。神龙元年（705年），17岁的鉴真离开了大云寺，到越州龙兴寺拜道岸为师学戒律，受"菩萨戒"。景龙元年（707年），又外出游历求学，东入洛阳；次年，20岁时又到了首都长安，并于同年三月二十八日，由著名的律宗法师弘景主持，在实际寺登坛受"具足戒"。这位年轻的僧人，便在佛教界崭露头角了。

开元元年（713年），25岁的鉴真学成归来，在扬州开坛讲授戒律。慕名而来听他讲经和由他授戒的弟子竟达4万余人。他还组织僧侣精心抄写经书33000卷。由于鉴真德高望重、声名远扬，46岁时荣获了"授戒大师"的称号。

鉴真东渡日本，完全是由于受到日本学问僧荣叡、普照的邀请。原来在日本首都奈良，有一座元兴寺，寺里的住持隆尊感叹本国没有传戒的僧人，为了邀请传戒者，特地奏请朝廷，于天平五年（唐开元二十一年，733年）派遣荣叡、普照二人随从第九次遣唐使团来华。唐天宝元年（742年）十月，二人来到扬州大明寺向宣讲戒律的鉴真大师学习。当时，唐朝以戒律为入道的正途，不持戒的人在僧侣中甚为人不齿。所以荣叡、普照二人最终以"佛法东流至日本国，虽有其法，而无传法人"为由，恳请鉴真"大和上东游兴化"。① 鉴真也认定日本是佛法隆兴有缘之国，决定东渡日本传经。行前召集众僧研讨，问："我同法众中，有谁应此远请？"门徒们开始都沉默不语。良久，有一叫祥彦的僧人解释说："彼国太远，生命难存，沧海渺漫，百无一至；人生难得，中国难生，进修未备，道果未克，是故众僧缄默。"② 鉴真听后，当众宣布："为法事也，何惜身命！诸人不去。我即去耳！"③ 弟子详彦、思讬等21人响应，愿随师赴日。从此，鉴真及其弟子等便踏上了六次东渡日本的艰苦历程。

第一次东渡的时间是在天宝二年（743年）。一开始由唐朝宰相李林甫的哥哥李林宗介绍，得到扬州仓曹（州级主管财政的官员）李凑的支持，打造船只和筹集粮食等准备工作进展颇为顺利。但同年四月，发生的一件小事，却最终断送了这次航行计划。原来，道航和如海这两个和尚为谁能同行而争吵起来，道航认为如海少学后辈，不够资格。如海一怒之下便去密告淮南采访使班景倩，说："道航造船入海，与海贼勾

---

① 真人元开：《唐大和上东征传》。
② 真人元开：《唐大和上东征传》。
③ 真人元开：《唐大和上东征传》。

结。"当时唐朝法律规定，僧人私渡日本是违法的。班景倩一听大惊，一面扣留如海，一面派兵到有关寺院搜寻中日僧侣，道航、荣叡等人被捕。后来多亏李林宗的帮助，才得以释放。但所造的船只全部被没收，鉴真初次东渡计划就这样告吹了。

天宝二年（743年）八月，荣叡、普照被释放后，两次拜见鉴真，请求赴日。鉴真被二人的真诚所感动，表示计划不变。这一次，不可能再得到官府的帮助了，鉴真便自己出钱80贯，买得岭南道采访使刘臣邻的一艘旧战船，招募水手18人，工匠85人，筹措了航行所需的粮食、药品、用具、书籍等物资。同年十月二日，鉴真师徒由扬州出发，顺长江而下，向东驶去，当航抵狼沟浦（今江苏南通狼山江面）时，遇狂风恶浪，旧船破损，无法行驶。船上众人只得暂避浅滩，抢修船只；不料又逢涨潮，水深至腰，正值隆冬季节，寒风刺骨，粮物受浸，第二次东渡也宣告流产。

鉴真亲自组织抢修船具完毕，再次起航，计划由大坂山（今大盘山）直趋日本。然而到大坂山后无法靠泊，只得转向下屿山。因风向不对，鉴真在下屿山停留了一个月，才遇到顺风继续航行。可是，天有不测风云，当他们刚刚驶近乘名山（今舟山岛北的大衢山）时，又突遇风暴；旧船才避险滩，又触暗礁，再次破损沉海，淡水、食物损失殆尽。一行人好不容易爬到岛上，饥渴了三天，才有渔民前来救援。一到陆地鉴真等立即被明州（今宁波）官府软禁于鄮县（今宁波鄞州）名刹阿育王寺中。日僧荣叡再度被捕（后被释放）。第三次东渡又告失败。

鉴真在阿育王寺的消息传开后，前来请他去讲学者络绎不绝。天宝三载（744年）秋，鉴真在越州（今浙江绍兴）、杭州、湖州、宣州（今安徽宣城）等地巡回传授戒律，并暗地筹集再次渡日的经费。为避开官府耳目，他计划选择一个官府意想不到的地方——福州，在那里登舟起航。他先派人去福州买船备渡。自己再以巡回朝圣佛迹为由，转道福州。同年冬，鉴真一行前去福州，弟子灵祐在扬州得知此事，不忍心师傅去冒"沧溟万里、死生莫测"之险，于是联合众僧、官府追回鉴真。第四次东渡又被迫中断。

天宝七载（748年）春，日僧荣叡、普照又从同安郡（今安徽安庆）乘船抵扬州崇福寺谒见鉴真，议定再赴日本，并马上筹办船只及物品。六月二十七日，鉴真一行35人，自崇福寺出发，至扬州三叉河口登舟起航，沿新河至瓜洲镇，入长江东航，当船行至狼山附近时，又历经风急浪高的考验，终于冲出长江口，南驶越州界三塔山。在此停留一月，等候顺风，后又航行至舟山群岛附近的暑风山，抛泊一个月，十月十二日，趁西南顺风扬帆东驶。但见前方有一迷蒙海岛，可到了中午却渐告隐灭。随着这一海市蜃楼的幻景消失，突然"风急浪峻，水黑如墨"，海船在风浪中如一片树叶，一会儿被抛上高山，一会儿被跌入深谷，全船人都提心吊胆，口中念佛，求菩萨保佑。船上水手也以为船舶即将沉没，纷纷抛丢箱子等以减轻船载。这样大约熬过了一周时间，船在"蛇海"、"飞鱼海"中漂荡。这期间众僧晕船不起，没有淡水，大家只好以生米充饥，口干舌燥，咽不下，吐不出。喝海水，肚子鼓胀，更加饥渴难忍。直到第七天，风暴稍息，接连下了两天雨，船上积得淡水，才渐复生机。第九天，船靠近一无名岛，大家争先上岸，找到水源，汲泉而归，继续航行。就这样在海上漂流了14天，终于靠上了一个鲜花盛开，树木葱茏的地方。原来，鉴真他们已从东海漂入南海，来到了海南岛的最南端，这真是"南辕北辙"了。第五次东渡也没成功。

鉴真一行在四位商人的资助下，来到振州（今海南三亚），受到当地人的盛情款待。当时的海南岛比较落后，是海盗的巢穴。鉴真他们在此停留一段时间以后，便取道于广东、江西、安徽，回到扬州。途中每到一地，鉴真都应邀为当地僧人主持受戒、做佛事。跟随他的弟子中，荣叡、详彦不幸先后亡故。鉴真也因忧劳成疾，加上中了暑毒，导致双目失明。但他东渡之志弥坚，继续筹措物资，等待机会。

天宝十二载（753年）十月十五日，日本第十次遣唐使大使藤原清河，副使大伴古麻吕、吉备真备和留唐任职的著名日本留学生阿倍仲麻吕（汉名晁衡，此次以护送使身份随行，拟回国定居）等，在回国之前又偷偷来到扬州参拜鉴真，探询赴日传教弘法之意。此时，鉴真已66岁高龄了，且双目失明。但为了加强中日文化交流与两国人民的友谊，仍一口答应了日本方面的恳请。

鉴真第六次东渡计划比较周密。十月二十九日晚，鉴真及弟子趁着夜色，由龙兴寺潜行至长江码头，与从婺州（今浙江金华）赶来的另一个弟子仁干汇合，乘上由仁干准备好的船只启程，出大运河入长江，直趋黄泗浦（今江苏常熟黄泗），与日本遣唐使船队会合。十一月十五日，鉴真一行24人分乘遣唐使团第二、三、四船（第一船为日本大使等乘坐），四舟同发，驶向东方。次日，船队进入东海，即被强风吹散，第四船不知去向，其余三艘船经过艰苦航行，于十一月二十日先后抵达阿尔奈波岛（今冲绳岛）。十二月六日，海上刮起难得的南风，三船继续起航，不久，第一船触礁，无法行动。鉴真所乘的第二船经多弥（今日本种子岛）于七月到达益救岛（今日本屋久岛）并抛泊候风十天，等候其余二船，可是等了一个多月，没见踪影。原来第一船修复续航后，遭遇偏北风暴，漂至安南骥州（今越南境内），全船180人大都遇难，仅剩藤原清河、阿倍仲麻吕等10人。第三船漂离后，独自航返日本。十二月十八日，鉴真等从益救岛续航；十九日，"风雨大发，不知四方"。他们又饱尝颠簸之苦，于二十日中午，抵达萨摩国阿多郡的秋妻屋浦（今日本鹿儿岛县川边郡西南的坊津街秋目村）。二十六日，鉴真等一行在日僧延庆的引导下进入日本太宰府，并于次年（754年）二月一日航达日本遣唐使船队的始发港难波（大阪湾）。

二月四日，鉴真进入日本首都奈良，被迎进东大寺。稍后，日本天皇敕授鉴真等人"传灯大法师"，在东大寺主持授戒仪式，先后为日本太上皇、天皇、皇太后、皇子等440人授戒，深受欢迎。天平胜宝八年（756年），日本天皇任命鉴真为大僧都，管理全日本的佛教政务。天平宝字二年（758年），又授以"大和尚"称号。天平宝字三年（759年），天皇又将位于奈良城古京的旧宅赐给鉴真，由他和弟子设计，修建了著名的唐招提寺，此后，鉴真即于该寺传律授戒，除旧布新，成为日本律宗始祖，该寺也就成为日本律宗圣地，为人所敬仰向往。鉴真还将中国文学、医药、绘画、建筑等文化科学技术广泛介绍给日本各界。

自743年起，至754年止，鉴真6次东渡，历时11年，受尽苦难，饱经艰辛终于到达日本，追随他赴日的弟子中死36人，中途退出200人，最后随入日本的只有24人。普照、思托参加了6次东渡的全过程。他们以坚定的信念，顽强的毅力和不怕牺牲的精神，终于实现了自己宏伟的夙愿，这在中日航海交往史上留下了千古佳话。

天平宝字七年（763年）五月六日，鉴真逝世，享年76岁。16年后，弟子思托为其师作传一部，并请日本奈良时代（710~794年）著名文学家淡海三船（真人开元）修改，书名《唐大和上东征传》，以作纪念。书中不仅生动地记叙了鉴真的光辉一生，而且也真实地记录了他6次东渡的艰难历程，有极高的历史价值。

最后，让我们引用郭沫若的诗来纪念这位伟大的使者吧：

鉴真盲目航东海，
一片精诚照太清，
舍己为人传道艺，
唐风洋溢奈良城。

四　宋元航海起高峰

960年，后周禁军将领赵匡胤在陈桥发动兵变，"黄袍加身"做了皇帝，建立起宋王朝。这个王朝在我国历史上是有名的国库空虚、军队疲软、号称"积贫、积弱"的王朝，屡屡遭到北方辽国和西北西夏国的进攻，而穷于应付。后来，又被北方新崛起的金国赶到了江南，只是依靠着岳飞、韩世忠等一班名将，才勉强维持了偏安一隅的局面。

1276年，北方高原的蒙古铁骑大举南下，渡江占领了南宋都城杭州，重新统一中国。蒙古族建立的元王朝，虽然在历史上存在了还不到一百年的时间，但它却一改宋朝的软弱无力，而是东征西讨，所向披靡，塑造了一个强大的形象，令全世界为之瞩目，直到1368年被朱元璋推翻。

就是上述两个国力、对外政策截然不同的王朝，对海外贸易却都异乎寻常地热心，采取了一系列鼓励海外贸易的政策。一时间，海面上千帆竞发，百舸争流，我们国家的古代航海事业由此进入了一个全盛的阶段。

1 从"饶税"政策谈起

提起我们国家的古代航海政策，人们往往都会联想起闭关锁国的"海禁政策"。其实，"海禁政策"只是明清时期的事情，宋元两代采取的却是积极鼓励中外航海贸易的政策。这里，就给大家讲一讲"饶税"和"官本船"两个政策吧。

大家知道，今天的海上运输活动是相当精确的。在某一条固定航线上行驶的班轮，中途要在几个、十几个港口临时停泊，装卸货物。班轮到达每一个港口的实际时间，比事先预计的时间误差往往不超过一两个小时。像我国最大航运公司中远集团的核心班轮，准点率经常达到百分之百的高水平。

今天的海运活动是这样，古代的海上运输却做不到这一点。由于古代的运输船舶完全依靠风力推动，人力很难控制，只能"听天由命"。假如船舶抵达目的港时比计划差了一两个月，那也算是"准点"了。有的时候，船舶到国外贸易，官府管不着，其便趁机在海外各国之间做起了生意，过一两年再回来。在这种情况下，除了船员家中的妻儿老小望眼欲穿之外，最着急的恐怕要算是官府了。因为一条商船一年往返一次和两三年往返一次，官府的税收情况是大不一样的。如果船舶不按时返航，官府就无法征税，税收不上来，势必要影响到国家财政收入。为了对付这种情况，宋朝官府一开始想了个办法，按照商船申请前往贸易的国家与我国的海上距离，大致估算一下，然后硬性规定商船返航的时间。

但是，商船一旦离港前往海外，天高皇帝远，不受官府的监视，也可以找到各种各样不按期返回的借口，例如碰到海盗、船坏了、气候太差，等等，官府很难辨明真假。怎么办？既然硬性的限制行不通，那就采用奖惩结合的办法来试试吧。于是，南宋隆兴二年（1164年），朝廷作出了一项重要的规定：从发给船舶出海航行证书之日算起，如果该船在五个月之内返航，政府在收税的时候可以给予减免部分税额的优待；如果船舶在一年之内返航，就照章全额纳税；如果超过一年才回来，要在原来的基础上增加税收数额，并且还"许从本司追究"，港口当局要追究该船的责任。因为这项规定是打着"优饶（减）抽税"的旗号，所以又叫做"饶税"政策。

这种用"经济杠杆"来间接限定商船返航时间的办法，果然效果不错。商船在海外一做完生意，便纷纷扬帆起航回国，很少在国外耽搁了。这样一来，船舶的周转率加快了，官府也大大增加了海运税收。

宋代的"饶税"政策是针对民间商船的，元代的"官本船"政策则是面向官方商船的。

至元二十二年（1285年）正月的一天，大臣卢世荣面见元世祖忽必烈，提出了一项发展海外贸易的新建议：由政府出钱来建造船只和购买货物，然后招募民间富有经验的海员，驾船到海外做生意，赚取的利润，国家得到70%，海员们分到30%。忽必烈对这个建议很感兴趣，经过一番筹划，他下令一次性从国库里拿出 10 万锭钞（约值白银 250 万两），作为这件事情的启动资金。于是，这种官府出钱、民间海员出力的"官本船"制度，开始在元朝境内推广开来。

"官本船"政策的推行，对政府和海员们来说，都是很有好处的，但却损害了经营海外贸易的王公大臣们的利益，分了他们"一杯羹"，受到了王公贵族们的强烈反对。上面提到的卢世荣，很快就在皇亲国戚的攻击下丢掉了官职，后来又被处死了。可是，"官本船"制度毕竟给元政府带来了大量的直接利润，所以并没有因卢世荣的失意遭到废除，元朝的历届政府仍频频派遣"官本船"到海外贸易。

时间一长，"官本船"政策便逐渐"变味"了。元朝灭亡前，皇后也亲自上阵派遣"官本船"到海外去，为自己赚取梳妆打扮的"脂粉钱"。这种用国库的钱财来为皇后本人做生意的做法，已经失去了"官本船"的本意，元末的腐败由此可见一斑了。

② 宋高宗与南宋海外贸易

凡是听过《岳飞传》故事的人，对宋高宗赵构恐怕都不会太陌生的。他曾被形势所迫任命岳飞等名将抗金，后来却为了偏安求和，与奸臣秦桧设计，用 13 道金牌将岳飞从抗金前线招回杭州，最终杀害了英雄岳飞，在历史上留下了重重的一笔污点。

同样是宋高宗，对海外贸易却非常重视。在一次接见大臣时，宋高宗曾大发感慨道："官府从航海贸易中获得的'市舶之利'最为丰厚，收入经常可以达到数百万缗，这难道不胜过取之于民吗！我所以对航海贸易十分关心，不过是希望借此能减轻百姓的负担罢了。"① 其实，宋高宗讲的减轻百姓负担是假，从海外贸易中攫取钱财、弥补政府的财政困难是真。明末清初的大学者顾炎武在《天下郡国利病书》中就一针见血地指出：南宋偏安一隅，财源短缺，"经费困乏"，不能不"一切依倚海舶"。海外贸易成了政府的重要财源。

皇帝大力支持海外贸易，上行下效，一班官僚们也不敢怠慢，绞尽脑汁拿出了一套奖励海外贸易方案："诸市舶纲首（船长）能招诱舶舟、抽解物货（货物征税）、累价（价值）及五万贯、十万贯（铜钱）者，补官有差（按级加官）。"市舶官员"抽买乳香每及一百万两，转（升）一官"②。这样一来，商人和官员们开展海外贸易的热情就高涨起来了，南宋境内的海外贸易迅速得到了发展。

当时，南宋富商们纷纷招募水手，建造船只，满载着丝绸、瓷器、铜铁制品，驶往海外贸易。他们的足迹遍及亚非两大洲的几十个国家，许多人获得了厚利。南宋人洪迈写的《夷坚志》里谈到：泉州有一个姓杨的商人，在海外贸易10多年，资本积攒到了2万

---

① 《宋会要辑稿》职官四四。
② 《宋史·食货志》。

贯。绍兴十年（1140年），他又出国做生意，贩回了沉香、龙脑、珍珠、苏木等许多珍异物品，运到首都临安（今浙江杭州），转手卖了40万贯，成了一个"暴发户"。另有一个名叫蔡景芳的船长，三年内吸引外商前来贸易，政府从中收税达98万缗，他也受到朝廷嘉奖，被授予承信郎（宋代武阶官名）的官职。

可是，和南宋大官僚从事海外贸易的规模相比，上面提到的这些民间海商不过是小巫见大巫了。南宋罗大经的《鹤林玉露》曾记载了这样一则故事：南宋大将张俊有一天游后花园，见到一个老兵在那里睡觉，张俊用脚踢他说："你为什么在这里睡懒觉？"老兵忙起来答道："无事可做，只好睡觉。"张俊问："你会做什么？"老兵答："会做生意。"张说："你会做生意，我给你一万缗本钱如何？"答："不足为也。"张给他五万，他还说不够。张问他要多少，他说最少也要五十万。张给了他五十万缗，老兵便拿了这笔钱造巨舰，买美女、丝绸、奇玩、珍馐、佳果等，航海而去。一年后归来时，满载珍珠、犀角、象牙、香料、骏马等物，获利数十倍。这次航海贸易活动，仅仅本钱就有50万缗，大官僚们私营海外贸易的势力之大，可想而知。

在中国商船大批前往海外做生意的时候，外国商船也纷纷装载香料、珍珠、宝石、象牙等，扬帆前来南宋开展贸易活动。仅仅东方的日本一国，每年就有四五十艘商船开往明州（今浙江宁波）港口，其他像三佛齐（今苏门答腊岛东南部）、高丽（今朝鲜半岛)、交趾(今越南北部)、占城(今越南中部)、兰里(今苏门答腊岛西北端)、天竺(今印度半岛)等几十个国家的商人,也络绎不绝前来做生意。这些来华的商人水手,受到了南宋官府的保护和热情接待。绍兴十六年(1146年),三佛齐国王来信提出:"近年商贩乳香,颇有亏损。"宋高宗见信后立即批示道:"市舶之利,颇助国用,宜循(遵从)旧法,以招徕远人,阜通货贿(促进货物流通)。"① 同时下令追查有关官员的责任,结果,前任福建市舶提举袁复一受到降职处分。南宋楼钥的《攻愧集》中还记载了这样一件事:一个柬埔寨海商在宁波港病逝,遗留下来几万贯的遗产,南宋官府让他的仆人护送棺木和财产回国,自己分文不取。这在封建社会里,确实是相当难得的。

当然,南宋朝廷鼓励航海贸易,维护外商利益,根本目的还是为了解决自己的财政问题。绍兴七年(1137年),当广州港口长官上奏外商蒲亚里在华结婚而打算久居中国时,宋高宗赶忙下令"劝诱亚里归国,往来干运香货"②,焦急的心情跃然纸上。

事实上,还真的不负宋高宗的一番苦心,南宋朝廷从海外贸易中获得了大量的收入。宋高宗当政末年,仅仅福建和广东两地的市舶机构每年就从中外商船上捞取了200万贯税收,超过了北宋时期的两倍多。当时南宋朝廷每年的收入也不过才1000万贯左右,海外

---

① 《宋会要辑稿》职官四四。
② 《宋会要辑稿》职官四四。

贸易一项就占了国家财政收入的五分之一，足见南宋朝廷对海外贸易的依赖程度确实是相当大的了。难怪宋高宗大谈"市舶之利最厚"，对这件事情格外地重视了。

3 "海漕"——南粮北调的故事

我们伟大的祖国地大物博，南方盛产雪白的稻米，北方富藏黑黑的煤炭。今天，南粮北运与北煤南调，同样是我国南北经济交流和运输的重要内容。可是在古代，煤炭还没有成为工业原燃料，我国南北沿海运输主要就是南粮北调了。

走海路把南方的官粮运到北方，在我国叫做海运漕粮，简称海漕。海漕的历史，可以追溯到遥远的秦代。当时，秦始皇为了防御北方的匈奴，在内蒙古的河套平原驻扎了几十万大军，每年由山东、江苏一带转运到军队驻地的军粮，就是先从海路运到河北，再转入内河的。唐代为了解决河北地区几十万驻军的军粮供应，也曾由海路把东南沿海一带的粮食运到京津一带。大诗人杜甫在《后出塞》一诗中咏道："渔阳豪侠地，击鼓吹笙竽。云帆转辽海，粳稻来东吴。"寥寥数语，生动地刻画出了唐代海上运粮的壮观场景。

但是，上述的海道运粮，全都出于军事供应的临时需要，规模小，次数少，在航海史上并没有留下太大的影响。到元代开创了大规模的海上运粮，才真正使它成为王朝的经济支柱。因此，我们在谈到海漕的时候，指的就是元代官府南粮北调的历史。

元代为什么要大兴海运漕粮呢？原来，自从元世祖忽必烈定都大都（今北京）后，元大都作为全国的政治、文化和商业中心，迅速发展起来，号称"人烟百万"。面对如此庞大的消费性城市，粮食供应就成为摆在统治者面前的一个现实而紧迫的问题了。如果从大都周围的农村就近征集粮食，好处明显，但北方地区连遭兵祸，田园荒芜，粮食生产有限，根本满足不了大都城里的庞大粮食需求。无奈之下，元朝廷只好把目光转向了江南地区——隋唐以来的主要粮食产地，决心要从江南地区运粮。

开始的时候，元朝统治者采用的是内河漕运的老一套办法，把江南的粮食经过贯通南北的大运河运到大都。但是，大运河的运输能力有限，并且还时通时塞，不能保证畅通无阻，造成了元大都经常出现粮食供应不上的情况。显然，为了解决粮食运输问题，必须得另想办法。至元十九年（1282年），丞相伯颜偶然想起了自己七年前挥师占领杭州的时候，曾经命令朱清、张瑄两个人把南宋文书档案"自崇明州从海道载入京师"的往事，便向元世祖忽必烈提出尝试用海船运粮的建议，忽必烈同意了。

至元十九年（1282年）十二月的一天，凛冽的东北风在江南平江府刘家港（今江苏太仓）上空掠过，寒气逼人。港口内似乎并没有受到气候的影响，熙熙攘攘，一派热闹景象，满载着粮食的船队正整齐排列在港口准备出发。时间一到，在朱清、张瑄的率领下，

60艘大小船只拔碇起锚，鱼贯开航了。船队首先绕过海门县以东的黄沙连头、万里长滩（今海门东南，已与长江三角洲涨连），向西北而行，抵达盐城县，再往北经过东海、密州（今山东诸城）、胶州，放灵山洋投东北，行驶月余始抵山东半岛东端的成山头。绕过成山头，向西行驶，经过刘公岛、登州沙门岛（今庙岛群岛中央），横越莱州大洋，进入界河（今海河），溯河而上直到直沽的杨村码头（今河北武清）停泊。这次航行，基本上是沿着海岸行驶，航线上浅滩、暗礁密布，行船十分危险。加上航行时间又选择在冬季，正是北风盛行的季节，一路上顶风顶水，"潮长行船，潮落抛泊"，结果不过四千里的水路，却耗费了两个多月的时间，船员们实在是饱尝了海上生活的艰辛。

第一次航行，虽然才运了4.6万石粮食，但毕竟还是成功打通了北上的航路。元朝统治者开始对海运漕粮重视起来，大批招募的船员和新造的船只被投放到这条航线上，海运漕粮也由至元十九年（1282年）的4.6万余石猛增到至元二十七年（1290年）的159万石了。

随着时间的推移，这条南粮北调航线早就存在的费时长、不安全的弊端，很快就暴露出来了。据元朝官方统计，至元二十八年（1291年）起运的150万石粮食中，事故损失高达25万石。这就意味着有六分之一的粮食葬身海底了。如此惊人的海损令元朝廷十分忧虑，迫切要求改变这种局面。于是在至元二十九年

(1292年)夏天,朱清、张瑄又重金聘请了著名的水手黄福,带领船员们对早期的航线进行改进,船舶到万里长滩后不再沿岸向西北行驶,而是转向东北到青水洋(元代指北纬34°、东经122°附近海域),再北行过黑水洋(元代指北纬32°~36°、东经123°以东海域),直抵成山头,这样就绕开了江苏与山东半岛沿岸的浅滩暗礁,提高了安全性。航线开通当年,事故损粮便由上一年的16%骤降至3%,收效十分明显。另外,航行时间也从冬季改为夏天,漕运船队一路上借助东南季风的帮助,半个月就可从刘家港抵达直沽了。

但是,这条重新改进的航线才运行了一年多时间,又令人们感到不满意了。问题主要出在该航线的航行时间还是太长,虽然顺风能够半个月完成航行,可一旦风水不便,船队就要航行三四十天以上。如果再遇到"非常风阻",那航行时间更是遥遥无期了。这样,寻找一条既安全又便捷的新航线,再次提上了议事日程。

至元三十年(1293年),一个名叫殷明略的船户接受了探寻新航路的艰巨任务。在有经验的老船员帮助下,他率领一支小船队从刘家港出发,到崇明州三沙入海,向东驶入黑水大洋,然后北上直取成山头,转西至刘家岛,在刘家岛"聚艑取薪水",经过短暂的休整,再到登州沙门岛,经过莱州大洋进入界河。(见图5)

殷明略带领船员们开辟的新航线,正好与自南向北流经东海的黑潮暖流相吻合,暖流流速可达每小时1

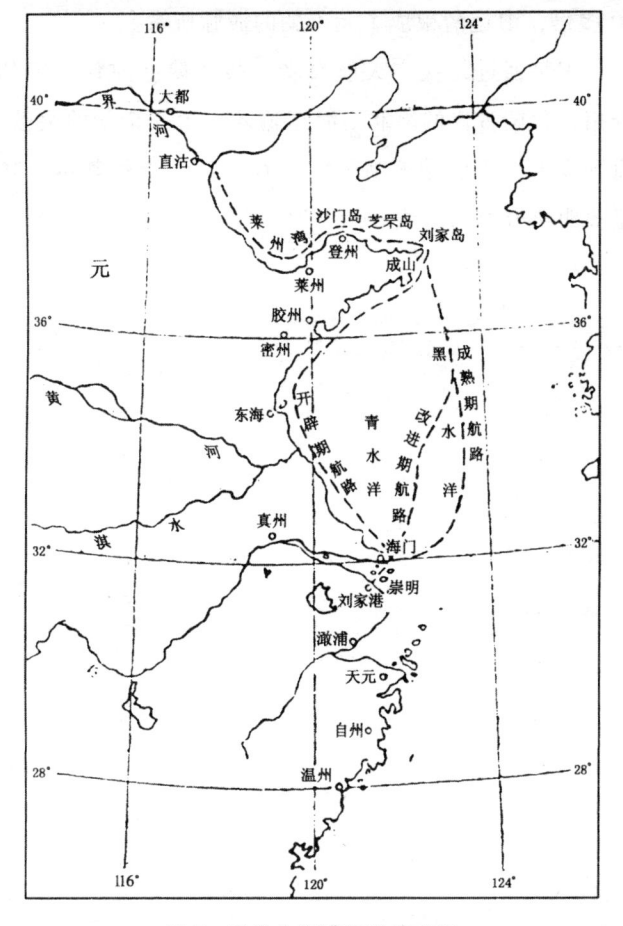

图 5 元代北洋漕运航路略图

海里。这样，一路上不仅顺风，而且顺水，船速大大加快，整个航行时间也缩短了，从第一条航线的 2 个多月减少到仅仅花费 10 天时间。新航线开辟成功后，运粮船队的航行次数由原来的一年一运增加到了一年春、夏两运，大大增加了漕粮运量。至正元年（1341年），运粮已达到了 380 万石，比最初的 4.6 万石增了

80多倍，海运漕粮成了元王朝的命脉所系。

  正是通过元代广大航海者不畏艰险、前仆后继的开拓，我国古代的南北沿海运输才有了一个新的突破。直到今天，人们乘船从上海前往天津，走得基本上还是殷明略开辟的航线。

五　郑和奉使下西洋

590多年前，在太平洋通往印度洋的海面上，旌旗飞扬，一支庞大的远洋船队乘着强劲的东北信风，云帆高张，际天而行。这次航行以其规模之大、人数之多、历时之久、航线之长、足迹之广而载入人类航海文明的史册。这便是令我们每一个中国人都引为自豪的郑和下西洋。

1　非凡的经历和肩负的使命

郑和本姓马，名和，小字三保（或作三宝），明洪武四年（1371年）生于云南昆阳和代村（今云南晋宁县境），回族人。

马和家世代信奉伊斯兰教。按照"古兰经"的规定，教徒都要遵守教义，力行"五功"（即念功、拜功、斋功、课功和朝功的简称），凡有经济能力并身体健康的教徒，一生中都要到圣城麦加朝觐一次。凡朝觐过的教徒就称做"哈只"。意思是"巡礼人"，即朝圣者。马和的祖父和父亲都曾朝拜过麦加（中国古代称之为天方），所以人们都尊称他俩为马哈只。马和的父亲马哈只，身材魁伟，性情豪爽耿直，有同情心，好扶危济贫。因此很受乡邻的敬重。

在这样的家庭里，马和从小就受到良好的教育。"自幼有才志"，他对父辈去麦加朝觐的航海冒险经历充满着无限的敬意和向往，在耳濡目染中，他了解了有关麦加和西洋的一些情况，这对他后来成为一个航海家，成功地完成下西洋使命，是有深刻影响的。

马和出生的时候，元朝已被推翻，但他的家乡云南却仍在元朝梁王的残余势力统治下。洪武十四年（1381年）九月，明朝开国皇帝朱元璋派大将傅友德、蓝玉、沐英率30万大军征讨云南。次年春，明军平定了云南，七月，马哈只死于战乱中，享年39岁。年仅11岁的马和便成了明军的俘虏。明朝初年，一些将领用兵边境，有阉割被俘儿童的习惯，马和也遭此厄运。洪武十八年（1385年）八月，朱元璋命傅友德、蓝玉等率军备边北平（北京），受燕王朱棣节制，马和也随之来到北平，因其眉清目秀、聪明伶俐，被分发到燕王府邸中当了一名侍奉朱棣的小宦官。由富家子弟沦为王府的奴仆，这对于年幼的马和来说是很不公平的。但他没有向命运低头，而是自强不息，向世人证明了自己的人生价值。

马和天赋极好，秉承了祖辈的优良品质，刻苦勤劳，有勇有谋，又有惊人的毅力和坚强的意志。在燕王府中，他忍辱负重，成长起来。由于他"丰躯伟貌"，"身长九尺，腰大十围"，"眉目分明，耳白过面，齿如编贝，行如虎步，声音宏亮"；加上为人"博辩机敏"，谦虚谨慎，不避劳苦，因此渐为朱棣赏识与信用。

洪武三十一年（1398年），朱元璋死，由长孙朱允炆继位，史称建文帝。新帝登基后，为巩固王位，与大臣齐泰、方孝孺、黄子澄等计议削除诸藩封。镇守北平、握有重兵的朱棣便是削藩的重要目标。朱棣见王位难保，以诛讨奸臣、"靖难"为名，于建文元年（1399年）八月发动兵变，史称"靖难之役"。此时，马和28岁，他以内臣"从燕王起兵靖难，出入战阵、多建奇功"①，成为朱棣手下的重要亲信人物之一。经过三年内战，建文四年（1402年）六月，朱棣攻破南京，夺得帝位，改年号为"永乐"，史称明成祖。因马和襄助有功，且屡有战绩，朱棣遂把他提升为内官监太监，执掌宫中后勤总务大权，并在永乐二年（1404年）正月初一，御书"郑"字，赐他为姓，从此他就改姓郑叫郑和了。

当永乐皇帝决定派遣船队出使西洋时，便要挑选一个出类拔萃的亲信太监任正使，并负责统领船队。在近侍中，由于郑和是个难得的全才，既"才负经纬，文通孔孟"②，又"有智略，知兵习战"③，"姿貌才智，内侍中无与比者"；更由于他既通佛教，又是伊斯兰教徒，兼有两种宗教身份，有与"西洋"各国的伊斯兰教徒和佛教徒交往的便利，于是终于被选拔为下西洋船队的主要组织者和最高指挥官。

那么明成祖为什么不惜耗尽巨资，接二连三地派

---

① 朱国桢：《皇明大政传》。
② 《郑和家谱·出使条》。
③ 佚名：《郑和传》。

遣大型船队出使西洋各国呢?

按照传统的说法,郑和下西洋的目的主要有以下四个。

第一,"踪迹建文",即追寻建文帝踪迹。据史书记载,当年朱棣率"靖难之师"攻陷南京后,"宫中火起,(建文)帝不知所终"。有的说是逃到海上去了。对于明成祖来说,最可怕的是这种结果。因为,他毕竟是以武力夺得皇位的。这种以庶篡嫡的越轨行为,是违背中国封建社会宗法观念和伦理道德的。如果建文帝还活在世上,仍将具有极大的号召力。这对于急欲坐稳皇帝宝座的朱棣来说,是极为不利的。为了解除后顾之忧,一方面,他派出心腹大臣胡濙,"遍行天下州郡乡邑,隐察建文帝安在",另一方面,"成祖疑惠帝(建文帝)亡海外,欲踪迹之",便"分遣内臣郑和数辈浮海下西洋",以防死灰复燃,东山再起。[①]

第二,"耀兵异域"。中国封建帝王历来都以"天朝大国"自居,希望周边和海外诸国归附中国称臣朝贡。明成祖也不例外。然而由于明朝初年朱元璋为了巩固国内政局,防止国内外敌对势力从海上进攻,制定了严厉的闭关锁国的海禁政策,致使中外友好外交关系中断。为了改变这一局面,永乐三年(1405年),朱棣决定采取"耀兵异域,示中国富强"[②]的方略,派出郑和以强大武力作后盾的远洋船队,"赍币往赉之"[③],

---

① 《明史·胡濙传》。
② 《明史·郑和传》。
③ 郑和:《天妃灵应之记》碑文。

以实现争取海外诸藩国的归附，造成"万邦臣服"、"祯祥毕集"的盛况。

第三，获取珍宝。明初，经过朱元璋的努力，社会经济得到了迅速恢复和发展，随着明朝贵族、官僚、地主的经济实力逐渐增强，统治阶级享受的胃口越来越大，追求奢侈腐化生活的愿望也越来越强。国内的物产再也不能满足他们的需要，国外的奇珍异宝供不应求。因而，郑和船队还肩负着"取宝"的使命，其所乘大船也因此得名为"宝船"了。

其实郑和下西洋的目的，无非是为了扩大明王朝的政治影响，加强同海外各国的友好往来，巩固传统的朝贡贸易，以满足建立天朝大国的欲望和满足上层社会奢侈生活的需要。

15世纪最大规模的远洋船队

从船队规模和人员组成看，郑和率领的船队是当时世界上最大、最优秀的船队。

（1）船舶巨大，种类齐全。

"宝船"（见图6）是郑和船队的主体。为了胜任"耀兵示富"的使命和抗衡大洋上的惊涛骇浪，这种船就要造得庞大而豪华。

据随行人员马欢所著《瀛涯胜览》记载：宝船六十三艘，"大者长四十四丈四尺，阔一十八丈；中者长三十七丈，阔一十五丈"。若折算成现在长度单位，可知大型宝船，长约151.8米，宽约61.6米；中型宝

图6 郑和宝船（船模）

船，长约136.5米，宽约51.3米。从船上设施看，有九桅，十二帆；其"篷、帆、锚、舵，非二三百人莫能举动"①。

"宝船"上的舵也很可观。1957年5月，在南京市下关三叉河附近的中保村明朝生产"宝船"的旧址，发掘出一个巨型舵杆（现存于中国历史博物馆），由铁力木制作，全长11.07米，有三四层楼高，专家估计在这样的舵杆上安装的舵叶高度可达6.35米。这类船的重量可达2500吨左右。可见，大型宝船堪称"体势巍然，巨无与敌"。

除了宝船外，郑和船队还有粮船、坐船、战船等船舶。粮船，长二十八丈，宽十八丈，有七桅，主要

---

① 巩珍：《西洋番国志》。

用来运载粮食和给养。坐船,长二十四丈,宽九丈四尺,有六桅,是用于屯存水师,安营扎寨的主要船只。战船,长十八丈,宽六丈八尺,有五桅,是专门用于作战护航的快速战船。还有一些辅助性船只。如"水船"是郑和船队的独创,跟随郑和下西洋的巩珍曾提及"海水卤咸,不可入口,皆于附近川泽及滨海港汊,汲取淡水。水船载运,积贮仓储,以备用度,斯乃至急之务,不可暂弛"①。这对解决几万人在海上的饮水问题,是至关重要的。一百多年后,麦哲伦作环球航行时,就因淡水供应问题没解决好,而发生很大困难,可见,这又是一支结构精良,种类齐全的特混船队。

(2) 人员众多,建制完整。

郑和下西洋船队人员众多。据史料分析,差不多每次都有27000人左右。

如此庞大的船队,是由哪些人员组成的呢?据《郑和家谱》记载:"钦差正使太监七员,副使监丞十员,少监十员,内监五十三员;都指挥二员,指挥九十三员,千户一百零四员,百户一百零三员,舍人二名,户部郎中一员,鸿胪寺序班二员,阴阳官一员,阴阳生四名,医官、医士一百八十员;旗校、勇士、力士、军力、余丁、民稍、买办、书手共二万六千八百零三名,以上共二万七千四百一十一员名。"另据祝允明《前闻记》所述:"官校、旗军、火长、舵工、班

---

① 巩珍:《西洋番国志》。

碇手、通事、办事、书算手、医士、铁锚、木舱、搭材等匠、水手、民稍人等,共二万七千五百五十员。"这些人员按其在航行活动中的地位和职能,基本上分为五个部分:

第一部分,首脑决策人员。包括正使太监、副使太监(也称副使监丞)、少监、内监等为清一色的宦官,都是皇帝的内侍近臣。他们是整个船队的指挥中枢,掌握着航行、外交、贸易、作战的决策权。

第二部分,航海技术人员。包括火长、舵工、班碇手、铁锚、木舱、搭材、水手、阴阳官、阴阳生等。其中,"火长"至为重要,相当于今天的船长,掌管着"针经图式"(航海图)和罗盘;舵工,按火长指点操舵,负责控制海船航向;班碇手负责船锚的起落;铁锚、木舱、搭材等具体负责船舶的维修;水手、民稍等负责帆篷升降、摇橹划桨及日常杂活;还有阴阳官、阴阳生则负责天文气象的观测与预报。

第三部分,外交经贸人员。包括鸿胪寺序班、买办、通事等人员。鸿胪寺序班负责朝会宴请等外交礼仪;买办负责采购物品;通事则负责翻译工作。

第四部分,后勤总务人员。包括户部郎中、舍人、书算手、医官、医士等人员。户部郎中负责具体掌管钱财及后勤供应事务;舍人负责起草与誊写信牒文件之类以及使团各项活动的记录;书算手负责会计出纳。

特别值得一提的是,这部分人中,医官和医士均选自太医院,都是当时全国第一流的医生。他们大约有180人，这样船队平均每150人就配有1名医生，主要负责全体人员的保健和疾病防治。这种完备的医疗制度，在世界航海史上是没有先例的。

第五部分，军事护航人员。包括都指挥、指挥、千户、百户、旗校、勇士、力士、军力、余丁等。都指挥，为各省、地方最高军事长官，相当于现在的军区司令；指挥、千户、百户等也为各级武装指挥军官，主要负责航行安全，抵御外敌和海盗袭击。从船队军官人数和军队总人数的比例看，这支部队官多兵少，可谓是一支精悍的武装力量。旗校、勇士、力士等是一般武职人员，专领金鼓旗帜，随驾出入，及守卫四门，旨在对外显示大明帝国的威仪和尊严。

可以说，无论是船队规模上，还是人员组成上，郑和船队不愧是15世纪最大规模、最优秀的船队。即使是西方地理大发现时期的著名船队，也不能与其比拟。如1492年哥伦布首航美洲时，其船队不过由90名水手、3艘轻帆船组成，其中最大的旗舰"圣玛丽亚"号，不过250吨，仅为郑和宝船的1/10。1497年绕过好望角航达印度的达·伽马船队，只有160人，虽然有当时欧洲最好的船，但4艘小帆船，主力旗舰仅120吨，全长不到25米，另外3艘船的总吨位，还不到郑和一艘大船的1/8。1519年进行环球航行的麦哲伦，也只有265人，5艘小帆船，其中130吨的2只，90吨的2只，60吨的1只，总吨位也不过是郑和一艘宝船的1/5。

七次下西洋

自 1405 至 1433 年，在 28 年的时间里，郑和率领庞大的船队，先后七次出使西洋各国；"涉沧溟十万余里"，历经三十余国，最远到达红海和非洲东海岸。这是人类航海文明史上的空前创举。

我们首先要搞清楚"西洋"的地理概念。它不是指现在的"大西洋"，而是指古代相对于我们中国位置而言的西方大洋。明代郑和是以"苏门答剌国"（今苏门答腊萨马朗加）为"西洋总路头"，按今天的说法，就是以马六甲海峡西口为界，以西的广大水域即为"西洋"了。

郑和七次下西洋，均在北印度洋海域活动。前三次最远到达古里（今印度卡利卡特）；从第四次开始，航线逐渐延伸，到达忽鲁谟斯（今霍尔木兹）、红海及非洲东海岸。

第一次下西洋（1405 年 7 月至 1407 年 10 月）。

永乐三年六月十五日（1405 年 7 月 11 日），郑和与王景弘等率领船队从苏州刘家河（即刘家港，今江苏太仓浏河）拔锚起航，驶达福建五虎门（今福建长乐），在那里停泊候风，并稍作休整。

冬天到了，船队再次起航，趁东北季风，扬帆南下，首先到达占城（今越南中南部）。在那里，郑和使团受到了热烈欢迎。

由占城续航，抵达爪哇。郑和使团了解到该国有四个地方,一名新村(今华侨称为锦石),又名革儿昔,原是一片沙滩,由于中国人的定居、开发,成为千余家华侨聚居的村落;二名杜板,或称赌斑(今华侨称为厨闽);三名苏鲁马益,又名苏儿把牙(今华侨称为泗水),也都住有华侨,三地均在爪哇东部;四名满者伯夷,是国都。郑和照例是先宣读明王朝皇帝诏谕,转达友好情谊,赠送礼品,然后进行交易商品的活动。

自爪哇转向西航,郑和船队经旧港(今苏门答腊岛巨港)、苏门答剌(今苏门答腊)、南巫里(今苏门答腊班达亚齐),锡兰山(今斯里兰卡),最后到达古里。

古里是郑和船队本次航行的目的地。为了纪念这次远航,郑和立了一个碑,上刻:"其国去中国十万余里,民物咸若,熙皥同风,刻石于兹,永昭万世。"① 然后,船队从这里返航。

返航途中,经过旧港。这里位于苏门答腊东南部马六甲海峡入口处,是连接太平洋与印度洋的交通要冲,海盗活动猖獗。有个叫陈祖义的广东人,在明初洪武年间移居此地,他纠集了一伙海盗,专门从事劫掠过往商船的勾当,杀人越货,成为影响当时中外友好往来的障碍。郑和得知以后,决定除掉这个团伙,于是派人招降他们。陈祖义表面投降,而暗地里阴谋袭击官军。幸亏有当地另一个华人头领施进卿前来告

---

① 马欢:《瀛涯胜览》。

发,郑和有所准备。入夜,数百个海贼,分乘几十艘海船,悄悄接近宝船,突然帅船的桅杆上高高挂起了一盏红灯,顿时喊杀声、锣鼓声,震耳欲聋,早已严阵以待的使团官兵将海盗团团包围,生擒了陈祖义等三人,烧毁贼船十余艘,俘获七艘。然后乘胜追击,一举捣毁了匪寨,并没收了贼首的铜印两颗。船队取得了第一次重大的军事胜利,郑和也初次展现了他的军事指挥才能。在他的安排下,施进卿任宣慰使,成为中国政府在海外任命的第一位华人长官。

永乐五年九月初二(1407年10月2日),郑和带着战利品及各国随团来访进贡的外交人员,回京复命,受到永乐皇帝的嘉奖。

第二次下西洋(1407年10月至1409年夏)。

第一次出使西洋获得了巨大的成功。郑和回国时,沿途各国纷纷派使者来中国通好、进贡。明成祖非常高兴,为护送这些使臣回国,于是他再派郑和二下西洋。

郑和不顾劳累,在不到一个月的时间里,就作好了一切准备,在永乐五年九月癸亥(1407年10月底)再次出发。

二下西洋主要访问了占城、暹罗(今泰国)、爪哇、满剌加(马六甲),加异勒(今印度南端加耶尔伯德呐姆)、锡兰山、柯枝(今印度柯钦)、古里等国。

此次出访,郑和进行的佛事活动较多。

暹罗是个著名的"千佛之国"。国内寺庙随处可见,仅首都曼谷一城就有320多座庙宇,玉佛寺是其中最大的一座，寺内供奉着一尊24英寸高的玉佛。郑和到此不久，就参拜了玉佛，还向该寺布施了金银、香器、陶瓷和挂毯等贵重礼物。这一举动受到了暹罗人民的热烈欢迎，国王还亲自主持了这一布施仪式，事后，当地人民还特地修建了三宝庙，用以纪念郑和。

锡兰山也是一个佛教之邦，郑和在锡兰山为联络并加深同当地人民的友情，向藏有释迦牟尼"真身"的立佛寺布施了大量的金银供器、织金宝幡等物。1409年2月15日，郑和以汉文、阿拉伯文和泰米尔文等三种文字立碑勒文，颂扬当地佛教之盛，祈祷"人舟安利、来往无虞"。此碑后于1911年发现于斯里兰卡之迦里镇，现存于科伦坡国家博物馆，属国宝级文物，中国历史博物馆藏有其拓片（见图7）。

二下西洋的回国之期，当在永乐七年（1409年）夏季，借助南风顺利返航。回到南京后，明成祖再次奖励有功人员。

第三次下西洋（1409年10月至1411年7月）。

永乐七年九月（1409年10月），郑和经过短暂休整之后，第三次远航。船队从太仓刘家港出发，十一月到达福建长乐太平港停泊。次年初，于五虎门（闽江口）开洋，宝船张十二帆，顺风疾驶，经过十多天航行，抵达占城。接着又经暹罗、满剌加、爪哇、阿鲁（在今苏门答腊岛上）、苏门答剌、南巫里至锡兰山。在那儿，郑和派出一支船队前往加异勒、甘巴里（今印度科摩林角）、阿拔巴丹（似今印度西岸的阿麦

图7 锡兰布施碑

达巴丹);而自己则率主要船队访问小葛兰(今印度奎隆)、柯枝、古里。永乐九年六月十二日(1411年7月6日),郑和完成使命回京。

由古里回航"复经锡兰山"时,郑和打了一个漂亮的自卫反击战。原来,船队途经此地时,该国国王亚烈苦奈儿,将郑和骗至国中,让其儿子向使团索要金银宝物,未遂,便发兵五万余众劫掠郑和船队,还在途中伐树设障、阻截郑和归路。郑和警惕性很高，马上发现其阴谋，当即决定退回锚地，但归路已断。郑和处乱不惊，冷静地分析形势，认为：敌寇大队人马已出城，城中必然空虚，他们以为我军势单力薄不能有所作为，定会放松警惕，我们只有出其不意，攻其不备，方能取胜。于是派人从别的路绕回船队驻泊地。而他自己亲率两千余人，由近路直攻王城，大胜，活捉亚烈苦奈儿及其家属、头目等。回国后，"献俘于朝，廷臣请行戮"，明成祖"悯其无知"，将他及妻子儿女都释放了，然后在其家族中，选择贤能的人立为新王，使两国友好关系进入新阶段。

第四次下西洋（1413年12月至1415年8月）。

经过前三次下西洋，明成祖以为西洋较近国家均已前来朝贡，近期目标已达到了，而较远的国家尚未"宾服"，于是永乐十年（1412年）十一月下诏"遣太监郑和等四下西洋"①，远航波斯湾、红海等阿拉伯地区。为了完成这一使命，郑和专程前往西安，请大清真寺的掌教哈三当翻译。

永乐十一年冬（1413年12月）郑和率船队正式起航。这次航行基本上是按前几次路线，到达古里国。途中，郑和曾派出一两艘船到达溜山（今马尔代夫群岛）。郑和则亲率船队由古里直航，首次到达忽鲁谟斯。

忽鲁谟斯是波斯湾口的一个小国，位于阿巴斯港

---

① 《明史·忽鲁谟斯传》。

南部的岛上,今属伊朗。作为古代波斯的一部分,其文化和经济都很发达,特别是由于它位于欧亚非三大陆的中心连接地带,所以自古就是东西方进行商业活动的重要都会,在这里,宝石、珍珠、琥珀、珊瑚、各色美玉、毛织品、挂毯等应有尽有。郑和等第一次来到了阿拉伯世界。在陌生的土地上,他以伊斯兰教徒的身份,很快与当地人们沟通了,像往常一样,他先宣读中国皇帝的诏谕,赠送礼品,然后购买各种珠宝异物。忽鲁谟斯国王非常高兴,第一次派使者随访中国。

接着,郑和派出几艘船去了伊斯兰教圣地麦加,他自己又率队到达了比剌(似今莫桑比克港)、孙剌(今莫桑比克的索法拉)、阿丹(今也门的亚丁)、剌撒(今伊萨角)、木骨都束(今摩加迪沙)、不剌哇(今布腊瓦)、麻林(今基尔瓦·基西尼亚)。

永乐十三年七月八日(1415年8月12日),郑和率领船队回国,有十六国使者随访。在路经满剌加时,其国王带着妻子儿女及陪臣等五百余人,也随船来中国访问,永乐皇帝非常满意,差遣近臣陪同并亲自设宴招待,还赠送金锈龙衣等,对所有来宾都给予赏赐。

第五次下西洋(1417年5月至1419年8月)。

永乐十四年十二月(1416年12月),郑和在回国修整一年多之后,奉诏第五次下西洋。次年五月,郑和在下西洋前到福建泉州灵山回教先行墓行香,祈求圣灵保佑他远航一路平安。同年冬天,船队出发,遍访了占城、爪哇、满剌加、锡兰山、柯枝、古里、溜山、忽鲁谟斯、不剌哇、剌撒、麻林等地。

每到一地，郑和照例是先宣读永乐帝的诏书，然后赠送礼物，再进行交易，各国也回赠了当地特产，如狮子、金钱豹、麒麟（长颈鹿）、花福禄（斑马）、长角马哈兽（独角羚羊）、骆驼和驼鸡（鸵鸟）。在古代，这些都是我国稀有动物。特别是麒麟，民间把它视为神物，由于谁也没有见过，便被画成龙头、牛尾、麋身、马足的怪物，统称"四不像"。传说它是一种仁兽，不踏生虫，不折生草，给人带来吉祥，所以很受中国人喜爱。

永乐十七年七月（1419年8月），郑和完成了使命，回国。沿途有十六个国家都派使节来访。其中有满剌加国王、阿鲁王子、南巫里王子等，他们带来了宝石、珊瑚、龙涎香、象牙、犀角等贵重礼物。位于菲律宾南部的苏禄国王还带领全家来北京拜访了明成祖。可惜，在中国逗留期间，苏禄国王死于德州，明王朝也以王亲的待遇厚葬他，并赐一块土地供其后人护坟。这些人便永远留居中国。

第六次下西洋（1421年3月至1422年9月）。

永乐十九年正月（1421年3月），郑和奉命第六次下西洋。这次远航的主要任务是护送忽鲁谟斯等十六国使臣回国，并顺道作回访"周游三十六国公干"。基本上按照以前的路线，出访了东南亚、南亚、阿拉伯半岛诸国和非洲东海岸一带。因这次航行的任务比较简单，所以航行时间较短，永乐二十年八月（1422年9月）郑和船队回到了南京。同年八月十五日，朱棣去世。其儿子朱高炽继位。他听从反对派户部尚书夏元吉的建议，将其父的下西洋方策视为敝政，于是下诏停止下西洋活动，将郑和船队封存，任命郑和为南京守备，统率下西洋部队守卫南京。这样，在很长一段时间里，郑和一边积极操持江防，一边致力于重建大报恩寺的工作。如今，南京中华门外，仍留有该寺遗存。

朱高炽登基不到一年就死了，其长子朱瞻基于1426年即位，改年号为"宣德"。

宣德五年六月九日（1430年6月29日），明宣宗朱瞻基见自己登上帝位多年，而前来朝贡的外国使节越来越少，于是决定任命郑和再次出使西洋。此时，郑和已是六十多岁的老人了，长期的海上颠簸和肩负重任，已使他心力交瘁。但他不负众望，欣然受命，只用半年时间，就组织起一支庞大的船队。

第七次下西洋（1431年1月19日至1433年8月）。

宣德五年闰十二月初六（1431年1月19日），郑和船队从龙湾（今南京下关）开航，半个月后，到达刘家港，并驻留一个月，郑和在此重修荒废多年的天妃宫。次年春，天妃宫修成，郑和亲撰《通番事迹记》，刻石立碑，记下了他们前六次出使的历程，追忆他们"及临外邦，其蛮王之梗化不恭者，生擒之；其寇兵之肆暴掠者，殄灭之。海道由是而清宁，番人赖之以安生"的辉煌业绩。宣德六年二月二十六日（1431年4月8日），船队来到福建长乐，在这里进行了较长时间的准备工作，郑和还在南山三峰塔寺立了《天妃灵应之记》的石碑，对其远洋航行的雄伟壮丽与艰苦卓绝，进行了高度的概括："涉沧溟十万余里，观夫海洋，洪涛接天，巨浪如山；视诸夷城，迥隔于烟霞缥缈之间；而我之云帆高张，昼夜星驰，涉波狂澜，若履通衢……"

最后一次下西洋，主要访问了占城、爪哇、满剌加、苏门答剌、锡兰山、古里、忽鲁谟斯等国，可能还到达东非及麦加。

1433年3月，郑和在由古里返航途中，因病去世。其工作由王景弘继任，率船队回国。关于郑和遗体葬于何处，基本上有两种说法。一说是在回航途中，因天热无法保留遗体，至印尼爪哇岛之后，择地安葬，故该地被称为三宝垄，当地华侨每年都到此献花、祭奠。一说是郑和遗体被运回南京，皇帝赐葬于牛首山（今中华门外），也有的说此墓只是衣冠冢。郑和的逝世，是中国古代航海史上的一大损失，自此以后，下西洋的壮举便告停止。

六　航海技术话春秋

提到中国古老的航海历史，就不能不介绍一下中国古代的航海技术。的确，汉唐远航异域、宋代横渡印度洋、郑和七下西洋……我们的先人之所以能够在世界航海舞台上演出了一幕幕威武雄壮的活剧，关键之一是掌握了当时先进的航海技术。在这里，我们仅仅撷取其中的几项技术，介绍给读者。

1　司南、指南针和针盘

这是八百多年前，一艘宋朝的海船正在南海破浪而行，准备从广州前往苏门答腊岛的兰里做生意。连续几天，天空总是灰蒙蒙的，太阳和月亮也不知道躲到哪儿去了，商船的航向究竟对不对呢？船员们不约而同地向船尾处火长（船长）工作的船舱望去。只见火长不慌不忙，低头瞧了一会儿放在桌子上的小圆盘，然后走出船舱，向后面的舵工下达命令："船的航向太偏东南了，赶快纠正过来，改向西南航行。"很快地，商船又恢复了计划的航向。

那么，火长用来判断海船航向的"小圆盘"是什么东西？它就是我国古代的四大发明之一——大名鼎鼎的指南针。说起来，指南针由陆地移到海上，这中间还有一段曲折的经历呢。

从宋代再往前追溯一千多年，在我国历史上的战国时期，曾有一种叫做"司南"的测向仪器。"司南"是用天然磁石制成的，看上去像一个勺子，把它放到一个光滑的盘子上，勺柄能够自动指南，当时，人们制作一个"司南"相当不容易。先要找一个整块的磁石作材料，这块磁石本身得有指南、指北两极。加工磁石的时候，既不能用锤、凿等工具打击它，也不能用火去烧它，只能够轻轻地磨制，否则一经"千锤百炼"，石头的磁性就会消失得无影无踪了。这样看来，琢磨"司南"的工匠还真得要花一番"铁杵磨成针"的工夫。

可是，费尽心血才做成的"司南"，一到海上却成了聋子的耳朵——摆设，派不上用场了。为什么会这样呢？原来，茫茫的大海总是波浪起伏，无风三尺浪，木船在海上颠簸不定。在这样的情况下，如果用一个平滑的盘子盛上一个同样光滑的勺子（为的是减少勺子转动时的摩擦系数），要让这个盘子始终保持水平状态，还要让上面的勺子固定不动，这简直就是"天方夜谭"。所以"司南"始终没有被搬到船上。

唐宋时期，我国航海业的发展十分迅速。海员们在长期的海上实践中，饱受迷失方向之苦，迫切需要一种实用的指向仪器。"司南"既然不行，那么还能不能够找到一种新的仪器呢?经过长期的摸索和反复的试验,人们发明了人工磁化的方法,这是制造指南针的一项关键技术,从而为指南针的出现提供了可能。

世界上关于人工磁化的最早记录,是北宋庆历四年(1044年)写成的《武经总要》。在这本书里,提到了人工制造"指南鱼"的方法。它是把一个铁片剪成长约两寸的鱼形,放到炭火里烧红,然后将炽热的"鱼尾"对准正北方向浸入水中,再取出来,一只尾巴指向北方的"指南鱼"就做成了。用现代的知识来看,这实际上是一种利用强大地磁场的作用使铁片磁化的方法,但这种方法取得的磁性比较弱,灵敏度不高,实用价值还不太大。

时隔不久,一种更好的人工磁化方法出现了。北宋大科学家沈括写的《梦溪笔谈》里,介绍了当时的"方家"以天然磁石摩擦钢针,钢针"则能指南"。从现在的观点来看,这是一种利用天然磁石的磁场作用,使钢针内部的磁力线排列规则化,从而让钢针显示出磁性的办法。这种办法操作简便,钢针取得的磁性比较强,灵敏度高,它就是我们所说的指南针了。

在《梦溪笔谈》里,沈括还试验了把指南针放在手指甲上、瓷碗边上,用细蚕丝悬挂到空中及漂在水里四种安放指南针的办法。从航海的角度来看,其中最有实用价值的是漂在水里即"水浮针"法。它的具体操作是,找一小截灯心草,把指南针穿到草的中间,放在水里,指南针便可以靠着灯心草的浮力漂在水面上了。这样,不管船舶在大海中如何摇晃,装在容器中的水面却总有维持水平的倾向，所以，"水浮针"的指向效果是相当稳定的。

宋代的人们不仅最早发明了指南针，而且还敏锐地发现了指南针的一个"大问题"——它并不是指向正南的。沈括曾对他自己制作的指南针进行过细致观察，结果发现指南针"常微偏东"，表明当时已认识到了地磁偏角的存在，这对于提高船舶的导航精度具有重大的意义。1492年，西方著名航海家哥伦布在横渡大西洋到达"新大陆"时，也有同样的发现，但这已经比沈括晚四百多年了。

指南针发明之后，很快就被我国的航海者"搬"到了船上。北宋宣和元年（1119年）朱彧撰写的《萍洲可谈》一书，是世界上最早记载利用指南针进行海上导航的书籍。书中提到："舟师（船长）识地理，夜则观星，昼则观日，阴晦（阴天）观指南针。"过了四年，一个名叫徐兢的官员出使高丽，回国后写了一本《宣和奉使高丽图经》，其中也谈道："是夜，洋中不可住，惟视星斗前迈，若晦冥，则用指南浮针，以揆南北。"我国先人们留下的这两条用指南针导航的珍贵记载，要比欧洲和阿拉伯足足早了一百年。

指南针刚"上"船的时候，还仅仅是作为阴天使用的一个辅助性导航仪器，但随着它在航海实践中展示出来的优越性，很快就由"配角"上升为"主角"，变成海员们必不可少的主要导航手段了。南宋人赵汝适在《诸蕃志》里写道："舟船来往，惟以指南针为则，昼夜守视惟谨，毫厘之差（差别），生死系矣。"

从中不难看出，南宋海员们已经对指南针相当依赖了。

海员们对指南针的倚重，还加快了指南针本身的改进和完善。南宋时期，人们又创造出了更先进的水浮式磁罗盘——针盘。当时一个叫吴自牧的人在《梦粱录》中叙述道："风雨冥晦，惟针盘而行，乃火长（船长）掌之，毫厘不敢差误，盖一船人命所系也。"

"针盘"，是早期罗盘的一种型式。它是由一根水浮针和一个圆形方位盘结合起来而形成的。在方位盘上，中央镶着水浮针，周边由12地支（子、丑、寅、卯、辰、巳、午、未、申、酉、戌、亥）将整个圆周分成12等份，再把天干8字（甲、乙、丙、丁、庚、辛、壬、癸）和八卦4字（乾、艮、巽、坤）分别填入12地支之间，这样就构成了每字相差15°的24方位罗盘图。（见图8）在使用"针盘"的过程中，还可以把每两个字中间的夹缝作为一个方位，例如"未"位表示现代方位210°，"坤"位表示现代方位225°，"坤未"位则可以表示现代方位217°30′。这样，又构成了每个方位相差7°30′的48方位罗盘图，分辨精度当然是更高了。大家可能还想象不到，近代号称"船坚炮利"的西方列强，直到距今100年前，船上使用的罗盘才仅仅被分成32个方位点，每点相隔11°15′，比起我国古代的"针盘"，其方向分辨精度显然是差得多了。

在科学技术高度发展的今天，海船上已经出现了卫星导航、通讯导航、天文导航等各种各样新的导航手段。但我国先人发明的指南针技术，却依旧是每条船上必备的导航手段。有机会的话，你可以到海轮的

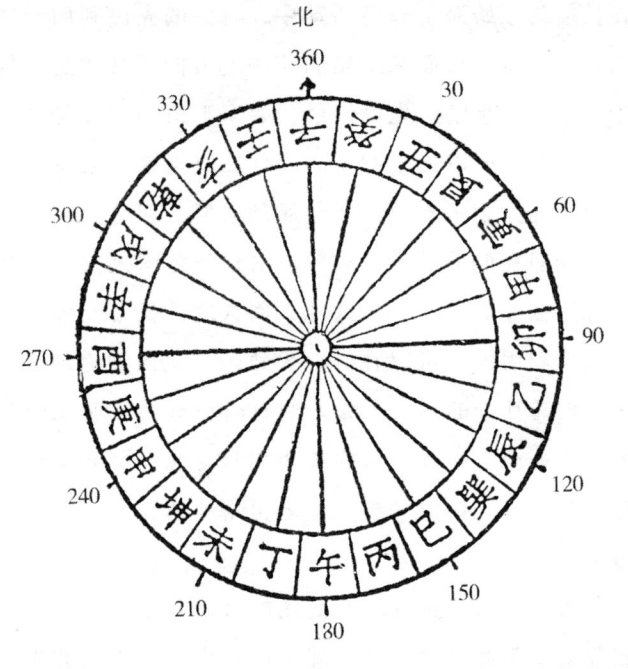

图8 古今罗盘方位对照图

驾驶台去看一看，在驾驶台的中央，肯定会有一个半人多高、脸盆粗细的铜制圆柱子，它就是船上重要的导航仪器"磁罗经"——一种精密的"指南针"。

2 化平凡为神奇的"过洋牵星术"

人们在晴朗的夜晚仰望天空，一定会看见满天的星斗。不知大家可曾想到，就是这些常见的星星，也曾为中国古代的海上航行作出过一番不平凡的"贡献"呢。

前面已经谈到，我国是一个航海历史悠久的国家，在长期的原始海上航行活动中，我国的先民利用天体来辨别方位，从而确定船舶前进的方向，其实是一件十分自然的事情。先民们最初的海上活动大多是在白天进行的，所以最早利用的天体，应当是每天按时东升西落的太阳了。他们在起航的时候，迎着太阳或者让阳光照在船的一侧；返航的时候，背向太阳或者让阳光照在船的另一侧。这样久而久之，就会慢慢懂得了白天利用太阳可以在海上大致辨别航向的道理。后来，随着社会的进步，先人们有时也许会在明亮的月光下进行海上活动，这样长年累月，他们可能又渐渐学会参照月亮出没的方位，来粗略地估计本船航行的方向了。

再到后来，随着海上活动的日趋复杂和频繁，仅仅靠着太阳和月亮来辨别船只的航向，又不能够满足航行的需要了。于是，天空中闪烁的星星，便成了航海者们观察的目标。汉代的时候，我国的天文学已很进步了。船员们利用某些形状特殊、方位固定的星座来导航，已经是十分平常的事情了。西汉一本名叫《淮南子》的书里提到："夫乘舟而惑（迷失方向）者，不知东西，见斗（北斗星）、极（北极星）则寤（知道）矣。"这是我国古代利用天体进行海上导航的最早文字记载，它证明当时利用北极星或北斗星作定向导航，在航海者中间已是相当普遍的了。

但是，上述的天文导航都是定向导航，也就是说，航海者只能够通过观测天体来辨别本船的航向，而不能够在一望无际的大海中判断本船所在的地理位置。

这样,一旦船舶在大海中航行,必然要带来两个严重后果:或者失去航线,不能到达预定的目的地;或者是触礁搁浅,倾覆沉没,引发一场重大的海难事故。所以,为了保证船舶在大洋航行的安全,还必须要寻找一种观测天体来确定船舶所在位置的办法。聪明的中国航海者找到了这种办法,它就是"过洋牵星"技术。

"过洋牵星"技术,是指航行过程中利用观测星辰高度的变化来测定船位的一种方法。明初郑和下西洋的时候,曾普遍采用过这一技术,船队的火长(船长)们都能够非常熟练地运用"过洋牵星"术为本船定位。

"过洋牵星"技术的操作过程是这样的:首先,要有用来观测星星的仪器,叫做"牵星板"。牵星板是用质地坚硬的乌木做成的正方形小木板,一套共有大小不等的12块木板。最小的一块边长约2厘米,叫一指;第二块边长约4厘米,叫二指;这样每块边长依次增加2厘米,分别叫三指、四指⋯⋯直到最大的一块边长约24厘米,叫十二指。牵星板的使用方法并不复杂,只需一只手拿着木板,手臂伸直,使木板与海平面垂直,同时眼睛瞄着木板的上下边缘,如果木板的上边缘正好对准被测的星体,而下边缘正好与海平线相吻合,这样便可以测出该星体离海平线的高度了。此时使用的木板是几指,这个星体的高度就是这个"指"数。如果木板的上下边缘与星体(或海平线)不能吻合,解决的办法

也很简单：多换几块木板，直到有一块吻合就行了。（见图9）

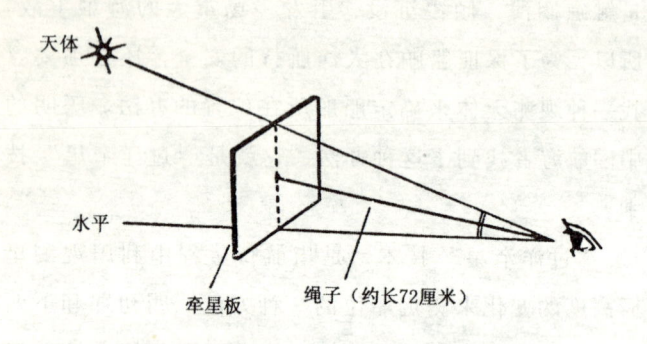

图9 用牵星板观测星体图

在这里，还得着重介绍一下"指"。"指"是古代观测星体高度的度量单位，一"指"究竟折合现在多少度，今天专家们仍在研究，一般认为一"指"约合 $1°36'$。"指"以下的度量单位叫做"角"，一"角"等于四分之一"指"。郑和七下西洋时，就留下了不少星体的"指"、"角"数据记录。

郑和船队的火长们测量到某个星体的"指"数之后，还无法马上知道船舶究竟航行到了什么地方，下一步必须要去核对"过洋牵星图"。"过洋牵星图"，今天我们可以看到四幅，每幅图的中央画了一艘大帆船，上下左右四周各代表北南西东四个方向，分别标有航行过程中各处已知的观星数据"指"数。这样，火长在每天日出前半小时或日落后半小时之内（其他时间不能够同时看到星星和海平线），观测到一颗或几颗特定星星的高度"指"数，然后再与"牵星图"上注明的该星星"指"数互相核对，如果两者吻合，那么就可以根据图中的记录判断航舶大约是在什么位置了。例如"过洋牵星图"中记载："柯枝（今印度柯钦）北辰（星）三指一角"，"古里（今印度卡利卡特）北辰（星）四指"。在印度附近海域，一旦火长测出的北辰星即北极星"指"数与其中一个港口的已知"指"数吻合，那么就可以判定船舶就在这个港口附近了。从"过洋牵星图"记载的数据来看，郑和船队观测某地的星高"指"数，与当地的实际地理纬度十分接近。如古里的记载纬度为 11°27′17″N，实际纬度是 11°22′N，相差仅仅 5′17″，相当于 4 海里的距离，但这已在视线所及之内了，并不影响船舶准确进港。可以看出，郑和船队的天文定向技术已达到相当先进的水平了。

　　说到这里，人们也许要问，我们国家的航海天文定位技术就是从明初郑和下西洋的时候才开始的吗？这是一个目前仍在研究和讨论的问题。在 1974 年泉州出土的宋代海船上，有一件竹尺（复原长度约为 27 厘米）。这个竹尺与人们常见的尺子不太一样，一半刻有 5 个间隔 1 寸的小格子，另一半没刻任何标志，显得有些古怪。一些专家认为，这个竹尺很可能就是当时舟师（船长）用来测定天体高度的"量天尺"，空着没有刻格的部分恰好是人握尺时的拳头长度，它的工作原理与"牵星板"大致相同，也可以进行天文定位。有兴趣的读者不妨自己动手做一把这样的尺子，在太阳出没前后到海边做一个测星小试验，也许你还会有新的发现呢。

8 《郑和航海图》的故事

发生在 1405~1433 年的郑和七下西洋，是明朝历史上的一个重要事件。在郑和的率领下，由 27000 人组成的庞大队伍，分乘数百艘船只，七次远赴印度洋地区访问，创造了世界航海史上的壮举。

就是这样一件大事，在保存下来的明朝官方档案中却不见踪影，着实令人心有不甘。那么，究竟还有没有郑和船队使用过的东西呢？一百多年来，许多中外学者在苦苦寻觅着。功夫不负有心人。终于有人发现，明代末期一本名为《武备志》的兵书里，附带了 22 幅地图。这些地图原名叫做《自宝船厂开船从龙江关出水直抵外国诸番图》，经过一番研究，大家认为这就是郑和船队所用的航海图，很可能出自明代兵部的档案，于是干脆给它起了个简单明了的新名字：《郑和航海图》。

所谓航海图，是指船舶专用的航行地图，上面标注着船舶航行途经的海岸和海洋的情况，如岸上的显著目标、岛屿、礁石、海流、海洋水深、海底底质等等。《郑和航海图》就是这样一类的航海专用地图。它原来是一幅卷轴式长卷，收入《武备志》以后，为了方便装订成册，便把一幅长图分成了 22 幅书本式地图，也就是现在的样子了。

《郑和航海图》全图记录的地域十分广阔，从南京宝船厂一直到非洲东岸，绵延上万公里，这中间共绘了530多个地名，包括亚非两大洲的30多个国家和地区。这么广阔的地域，假设我们让古今的一位船长来航行的话，今天的船长从中国前往东非，那他至少要参考大大小小几十幅海图，而500多年前郑和船队的火长（船长）却单凭一幅航海图就可以应付自如了。这是怎么一回事儿呢？原来，《郑和航海图》的绘制风格和今天的海图大不一样。它在图上不标明一定的方位坐标和比例尺，只是沿着主要的航线延伸，仿照《长江万里图》的画法，以长卷的形式自右向左一字展开。（见图10）如中国东南沿海航段，把大陆海岸线绘在上方，沿海各岛屿绘在下方；印度洋航段，将印度西岸一侧绘在上方，阿拉伯和东非海岸绘在下方。这种在航路的上下方对列绘图的方式，虽然与实际情况不相符合，但航海者一卷在手，却是相当实用和方便的。

　　现代海上航行，"航海图"和"航路指南"是互相分开、配合使用的。所谓航路指南，就是用大量的叙述性文字和相关的对景插图（指把地形地貌如实画在书页上），图文并茂地介绍航线沿途的情况。用一句简单的话说，航海图是"图"，而航路指南是与"图"相配合的"书"。《郑和航海图》却没有这么多"麻烦"，它同时具有"航海图"和"航路指南"两项功能。在《郑和航海图》中，绘制了大量对景写实的图画。每一处关键地方的特征，如塔、山、桥梁、高大的建筑物等等，图上都有描绘。甚至在画不同地方的沙洲时，还用黑点的多少来区分沙洲和浅沙，真称得上"细致入微"了。这样,火长只要按照图画的形状与实地对照,作出判断就很容易了。

除了古色古香的"图"以外,《郑和航海图》还有大量的"航路指南"文字叙述,航行途中的碍航物、山峰、岛屿、浅滩、礁石、水深、底质、港口标志、定位与航行方法等等,都加以明确的提示。如"船取孝顺洋,一路打水(测深)九托(托是古代测深单位),平九山,对九山西南边,有一沉礁打浪"。可别小看这短短26个字,其中指出了水深、水下危险物、水面征状以及安全航路,真称得上是"一字重千斤"。

作为我国古代航海家的智慧结晶和经验总结,《郑和航海图》历来被认为具有优良的航用价值。一位名叫马尔德的西方领航员,在仔细研究了《郑和航海图》以后,曾评价它"误差一般不超过5°,这对于1425年的舵工来说,可以认为是极好的了"。1985年,在郑和下西洋580周年的时候,经大连海运学院和海军司令部航海保证部的航海测绘专家共同努力,研制了一幅《古今对照郑和航海图》,第一次从航海技术的角度,将郑和船队的航线搬上了现代地图。该成果受到了广泛关注,还曾评上了全军科技进步奖。

《郑和航海图》的"名气"很大,但它其实还算不上是我国最早的航海图。在明代《海道经》中,保存了一卷元代航海者绘制的"海道指南图",这是我国现存的古航海图中最早的一幅了。"海道指南图"的范围包括长江下游与整个北方沿海,共标注出各地港口、岛屿和船舶锚地60多个,还注有"航路指南"一类的

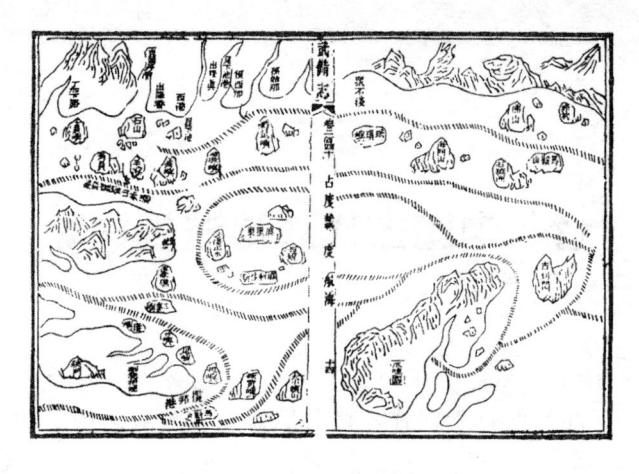

图 10 《郑和航海图》(部分)

文字。这份古老的航海图应该是元代船户在北洋漕运中经常使用的,与《郑和航海图》一样,也是古代劳动人民为我们留下来的一份珍贵航海遗产。

七　中国古代海事法规探源

船舶航行于海洋，称为航海；有关航海的事项，称为海事；以海事为中心或规范对象的法律，也就称为海法或海事法了。一些常见的法律，如海商法、船舶法、船员法、港口法等，都属于海事法规的范畴。在古代中国，随着海外贸易的蓬勃发展，航海活动日趋活跃，对有关航海贸易行为进行规范的海事法规，也就应运而生了。

惊鸿一瞥的"元丰法"

中国最早的海事法规，应该是从宋代开始的。

两宋时期，我国的海外贸易业十分发达，呈现出了千帆竞发、百舸争流的兴旺景象（见"宋元航海起高峰"部分）。但是，当海外贸易蓬勃发展的时候，相应的管理措施却远远落在了后面。北宋建立后的一百多年时间里，各个港口主管航海贸易的"市舶司"机构，在处理船舶进出港、货物专卖、税收等有关事项的时候，并没有一个统一的规定，而是各自为政，临时性、随意性很大。北宋政治家范仲淹在给一个叫王丝的官员写的追悼文章里,就提到了这样一件事情:历任广州地方长官,在对船舶进口货物征收10%实物税的时候,都无一例外地全部征收贵重货物,王丝到任后进行改革,把贵重货物和廉价货物掺和起来一道征收,减轻了海商的负担,感激不尽的海商们便送他一个"金珠御史"的美名。这显然是"人治"而不是"法治"了。

官员们在海外贸易方面任意"上下其手"的现象,严重影响了贸易的正常发展,减少了政府的收入。宋朝廷不禁有些着急了:看来,解决问题的办法只能是制定一个明确、统一的法规了。

宋神宗熙宁九年(1076年),宋朝廷下令"详议广、明州市舶利害,先次删立抽解条例",① 决定以广州和明州(今浙江宁波)两个外贸港口为试点,首先制定出一个完整的航海贸易法规。经过4年的反复讨论和修改,到元丰三年(1080年),中国历史上第一个海事法规——"广州市舶条(法)"正式完成了。宋朝廷专门派遣了一批官员,分别到广州、泉州、明州等对外贸易港口推行这个法规。因为它是在元丰年间完成的,所以后人又经常称它为"元丰法"。令人遗憾的是"元丰法"的全文,我们今天已经看不到了。但宋代的制度汇编《宋会要辑稿》里,摘引了"元丰法"的一些条目,其中大致有海船进出港的审

---

① 《宋会要辑稿》职官四四。

批、船上货物的检查、货物的税收办法、禁止官员参与海外贸易、奖励发展海外贸易有功的市舶官员等一些内容。例如"元丰法"规定,前往南海和印度洋各国做生意的商船,返航时必须到广州港停泊纳税;前往日本和朝鲜的商船,返航时必须在明州港停泊纳税,否则"以违制论",要受到查处。宋王朝企图用这种硬性分工的规定,来加强海船的管理,保障各港口的税收。以广州和明州两个外贸港口为典型制定的"元丰法",在全国各地外贸港口推行的过程中,产生了许多与当地情况不一致的矛盾之处。后来,朝廷又屡次加以修改,结果越改越乱,不仅海商们不知所从,就是各港口负责航海贸易管理的官员也"无所遵守"。北宋大文豪苏东坡的弟弟苏辙,在一本《龙川略志》的笔记里就记载了这样一则真实的故事:按照当时的航海贸易法规,到密州板桥港(今山东胶州)停泊的海船,是不允许运载乳香的。一个叫王子渊的糊涂官员,不知道从哪里了解到密州港海船贩卖乳香的情况,竟十分高兴,把船员招到他的官衙里,用很低的价格收买了一大批乳香,还自认为奇货可居,赶忙上书朝廷邀功请赏。岂料圣旨下来,乳香被没收充公,王子渊本人也稀里糊涂丢掉了乌纱帽,落得个弄巧成拙的下场。

其实,对于航海贸易法规的混乱,宋朝的皇帝也并不是一无所知。宋徽宗、宋高宗等都曾经多次下令重新整理划一,打算"从长立法,遵守施行"。但由于内外干扰、积重难返,结果直到宋朝灭亡也没有完成。

② "奸臣"制定的法规

元朝灭掉南宋以后，原来只是"风吹草低见牛羊"的蒙古游牧民族，陡然来到了海边，见到了茫茫的大海，看见了帆影点点，不禁大开眼界，对前朝制定的海事法规也"照单全收"不作更改。结果，宋代海事法规原有的杂乱无章、前后矛盾的弊病，同样被保存下来了，这就给不少市舶官员留下了营私舞弊、上下其手的"空子"。元代澉浦（今浙江海盐）人姚桐寿在《乐郊私语》中，曾经绘声绘色地描写了当地市舶官员的"丑态"："每番船（外贸船）一至，则众（市舶司官吏）欢呼曰：'亟治厢廪（仓库），家当来矣。'至什（十）取一，犹以为未足。昨年，蕃人愤愤，至露刃相杀，市舶勾当死者三人。"市舶官员的贪婪简直到了"不畏生死"的地步。

市舶官员们的贪污腐败，直接影响到朝廷从海外贸易中捞取的收入。为了扭转这一混乱状况，至元二十八年（1291年），元朝廷下令制定新的海事法规。至元三十年（1293年），新的海事法规"市舶则法二十三条"正式确定，并颁行全国。因为新法是元世祖至元年间颁布的，所以又被叫做"至元法"。

说起"至元法"的主要推动和制定者，却是一位历史上曾遭唾骂的"奸臣"，这个人就是留梦炎。

留梦炎是浙江衢州人。南宋淳祐五年（1245年）中了状元，曾做过左丞相兼都督诸路军马的要职，权倾一时。后来投降了元朝,又担任过礼部尚书、翰林学士承旨的职务。留梦炎的"奸臣"恶名是怎样得的呢?原来,著名的民族英雄文天祥抗元失败被俘后,一些元朝的大臣纷纷向朝廷建议释放文天祥。元朝廷正在犹豫之间,曾和文天祥在南宋共过事的留梦炎,却上了一道奏章坚决反对,认为释放了文天祥,他一旦再号召江南人民反抗,将会对朝廷不利。结果元朝皇帝采纳了留梦炎的意见,在大都(今北京)柴市处死了文天祥。这样一来,留梦炎的罪名可就大了。难怪明朝推翻元朝以后,明太祖朱元璋对留梦炎恨之入骨,钦定他为"奸臣",还下令留氏子孙一律不许参加科举考试,一人有过,株连九族。这自然是后话了。

客观地说,留梦炎在历史上也做过几件好事,积极提倡制定海事法规就是其中的一件。投降元朝后,他目睹了元初航海贸易管理无法可依、航海贸易大受影响的情况,多次向元世祖忽必烈建议重新整理制定海事法规。皇帝听从了他的意见后,留梦炎又大力向朝廷推荐熟悉宋代海事法规的前朝旧官吏李晞颜。在新的海事法规制定过程中,"会集到各处行省官、行泉府司官,并留状元(留梦炎)及知(知晓)市舶人李晞颜圆(详)议",① 他又具体参与了其中内容的删定工作。可以说,在元代海事法规的重建过程中,留梦炎确实功不可没,扮演了一个举足轻重的正面角色。

现在,我们再看一看"至元法"的具体情况。"至

---

① 《元典章》户部八。

元法"虽然是我国现存最早的海事法规文件，但它毕竟是在宋代已有的基础上加工而成的，所以显得比较成熟。大致说来，"至元法"包含了以下几个方面的主要内容：

第一，商船航行证书的发放程序和证书的填写格式。

"至元法"规定，中外船舶出海前必须要申请航行证书。证书可分为两种，大船申请"公验"，大船后面拖载的小船申请"公凭"。公验和公凭里要详细记载每个船员的姓名、职务，以及商船的长宽尺度、载重吨位、桅杆高度等技术数据。公验的后面，还附有8张盖着官府大印的空白表格，船上的每一笔交易都必须由纲首（船长）在表格内逐项填写，船上的有关人员还要签字画押。否则要没收货物，船员也要重刑治罪。

第二，船舶的内容管理。

"至元法"规定，船上有"职称"的高级船员（见"甲板上的'故事'"部分），必须由始发港口当局批准认可；全体船员每5个人结成1保，1人有罪，同保的4个人都要受到株连；一旦商船驶入港口，船上出于自卫目的而携带的少量兵器，需要立即上交港口当局暂时保管，商船重新出海的时候才能发还。

第三，保护与优待船员。

为了维护海外贸易的顺利发展，至元法还规定，任何一级的官府都不能够调用外贸船舶，以免妨碍船的出海贸易。考虑到海上生活相当危险和辛苦，"至元法"又明确规定免除海员家属的杂役，让他们无后顾之忧。

第四，船舶走私的处罚。

"至元法"规定，凡是在沿途未指明的港口停泊贸易、偷运货物不交关税、到公验没记载的第三国贸易、不向官府申领公验公凭便擅自发船等行为都属于违法，货物要全部没收，严重的还要"犯人杖一百七下"。如果船上有奴隶、金银铜铁等禁止出口的货物，就"止（只）坐（追究）商船主"，不牵连到其他船员，即采用了独特的"船主担保责任制"。

第五，官吏的违法行为处分。

鉴于当时官吏在海外贸易中的违法行为十分猖獗，"至元法"特别规定，这些官员从海外携带回来的货物必须纳税，否则按走私罪论处。同时，还禁止港口管理机构的官员强迫商船捎带钱财为自己买卖赢利的行为，否则货物没收，官员要被治罪。

除了这五项主要内容外，"至元法"还有港口当局的职责范围、商船和货物的收税数额、本法规的执行与监督程序等项专门规定。

总之，作为我国现存最早、最完整的一部海事法规，"至元法"在中国航海史中占有独特的一席之地，为世界五大法系之一的"中华法系"也添上了必不可少的一页。对于这份珍贵的祖国遗产，人们是不应该忘记的。

八 甲板上的"故事"
——中国古代海员职务漫谈

船无人不走,这是一个浅显的道理。今天的万吨巨轮上,通常都配备着二三十名船员,分别担任船长、大副、轮机长、管轮、水手长、水手等不同的职务。正是他们的齐心协力,才使得那些几万吨、几十万吨的钢铁"庞然大物",一个个乖乖地为人类服务。

那么,我国古代海员是否也有职务分工呢?如果有,情况又是怎么样的呢?回答这些问题,还得要从"李充公凭"讲起。

1 从"李充公凭"看宋元海员职务

旧社会里流传着这么一句民谣:"七十二行有三苦,撑船、打铁、磨豆腐。"中国古代航海史的辉煌,正是这些风里来浪里去的"撑船人"谱就的。

在我国宋元时期,商船要想到国外去做生意,必须先取得外贸管理机构颁发的航行证书,叫做"公凭"。公凭的样子,在我国已经看不见了。但在我们的邻国日本，一本古书里却偶然保留了一份北宋海商带过去的公凭。因为这件公凭是以泉州商人李充的名义申请的，所以今天往往被称为"李充公凭"。公凭当中，李充按照北宋外贸管理机构两浙路市舶司的要求，详细填写了船上全部 68 名船员的名单。值得注意的是，在其中 4 个人的前面，还特别加上了纲首、稍工、杂事、部领的名称，这就是我国早期的海员职务了。

公　凭

提举两浙路市舶司

　　据泉州客人李充状，今将自己船壹只，请集水手，欲往日本国，转买回货。经赴明州市舶务抽解，乞出给公验前去者。

一、人船货物

　　自己船壹只

　　纲首　李充　稍工　林养　杂事　庄权

　　部领　吴弟

　　第一甲　梁留　蔡依　唐祐　陈富

　　　　　　林和　郡(?)滕　阮祐　杨元

　　　　　　陈从　住(?)珠　顾冉　王进

　　　　　　郭宜　阮昌　林旺　黄生　强宰

　　　　　　关从　送(?)满　陈裕

　　第二甲　左直　吴凑　陈贵　李成

　　　　　　翁生　陈珠　陈德　陈新

　　　　　　蔡原　陈志　顾章　张太

　　　　　　吴太　何来　朱有　陈光

	林弟	李凑	杨小	彭事
	陈钦	张五	小陈珠	陈海小
	林弟			
第三甲	唐才	林太	阳光	陈养
	林太	陈荣	林定	林进
	张泰	萨有	张武	林泰
	小陈贵	王有	林念	
	生荣	王德	唐兴	王春
物 货	象眼肆拾匹		生绢拾匹	
	白绫贰拾匹		麂坑贰佰床	
	麂牒壹佰床			
	…………			

李充公凭（部分）

　　首先谈一谈"纲首"。宋元的时候，人们通常把某个运输一大批货物的组织叫做"纲"，"纲首"就是这个运输组织的首领。海船上的纲首，由随船出海做生意的商人担任，他的副手叫"副纲首"。有的时候，几条商船结伴到海外去，还设有"都纲首"。纲首是船上的最高职务，权力大得很。每当船舶出海远航之前，官府都要给纲首颁发三件东西：朱红大印、竹子做的答杖和航海贸易证书公凭。大印象征着官府赋予了纲首临时代表官府的权力，纲首有了它就可以来管理全船，处理突发事件。答杖有些像是"上方宝剑"，纲首可以用它来"先打后奏"，临时替官府惩治违法乱纪的船员。公凭更是全船的"命根子",商船到海外贸易和交涉,都得拿着它作凭证,保管公凭的纲首自然就拥有了无形的权力。正是依靠这三大"法宝",纲首能够牢牢地控制着船上的一切。用现代的眼光看,纲首大约相当于船上的"船东"或"船东代表"。

"杂事",又叫做"事头"。从这个名称的字面上来看,可以知道他负责船上一应日常杂事的处理工作。杂事还有一项特权,即在遇到重大事情的时候,他可以和纲首共同掌管大印,叫做"以巨商为纲首、副纲首、杂事,市舶司给朱记"[①],协助纲首作出处理决定。在船上,杂事的地位仅次于纲首,也是"一人之下,众人之上"了。这个职务,由随船做生意的商人充当,类似于现代海船上的"管事"。

"稍(梢)工"的名称,今天的人们可能并不陌生。但宋元时代的稍工与今天专管撑船的艄工(公)其实是"名同实异",有着很大的差异。他是船上的主要驾驶人员。商船的方位确定、控制航向等航海业务全由他一个人负责,是纲首、杂事之下的"第三号"人物。元代一个诗人在《玩斋集》中曾专门写诗赞美稍工:"大工驾柁(舵)如驾马,一人唱歌百人和";"万钧气力在我手,任渠雪浪来滔天"。

最后一个职务"部领",又叫做"水手头目",负责率领海船上的水手进行工作。宋代的时候,部领还和纲首、稍工、杂事一样,是船舶上的负责人员。到

---

① 朱彧:《萍洲可谈》。

了元代，其地位陡然下降，沦落为船上的一般人员了。这个职务，大约相当于现代的"水手长"。

除了上述4个负有管理责任的海员职务外，宋元时代的海船上，还有负责收放船锚的"碇手"、保管船上自卫武器的"直库"、负责船上缆绳的"缆工"、船上的木工"料匠"、专管做饭的"厨师"等海员职务名称。这些海员在船上也要各司其职，不能懈怠。

当然，所有这些有职有名的船员，加在一道才十几个人，在船上毕竟还是少数。其他大多数普通的船员水手，并没有明确的职务分工，所以就没有专门的"职称"了。这些普通的船员，在封建官府的文书里，又被笼统地叫做"作伴"，就好像在陆地上一样，每5个人要结成"互保"，1个人出了事，余下的4个人也得"连坐"受罚。封建官府对船员的控制确实称得上是处心积虑、千方百计了。

"丰利船日记备查"与明清海员职务

事情还要牵涉到日本。20世纪70年代的一天，日本某大学一个东洋学家像往常一样，来到东京都立中央图书馆查阅资料。书库里一排排的书籍琳琅满目，让人目不暇接。偶然间，一本薄薄的线装书引起了东洋学家的注意，取下一看，里面的内容是手抄的，封面上写有"冬帮 吉记 日记备查"几个汉字。这是一本什么书呢？经过仔细的阅读，他不禁大喜过望：

原来，这是一份19世纪赴日本贸易的清朝商船"丰利"号的《航海日志》，它详细记录了丰利船船主、货主、船上人员的组成，是研究明清时代海员职务的第一手资料。

到了明清时期，海船上的船员职务又有了全新的变化。最明显的就是船主取代了纲首的地位，并形成了财副、总管、直库、总哺、香工为一个系列，伙长、舵工、阿班、碇工、缭手为另一个系列的海员职务。在这里，就给大家简单介绍几个重要的海员职务。

第一个是"船主"，又叫舶主、出海、管船，是海船上的最高职务，"在船无劳役，知在日本经商法规，伺候政府，治理一船众人"[1]，即负责船舶行政管理与贸易交涉方面的事务，不承担某项具体工作。一般情况下，船主有一正一副两个人，他们有的是由货主亲自出马担任船主，也有的是由货主指派自己的亲戚担任船主。

船主之下是"财副"。他负责"货物买卖、日常簿记账册之役也"[2]，即管理货物交易和船上财务收支等事务。每条船上可以设立正、副二名财副，正财副管账，副财副管货。财副是船主在商务上的主要助手，地位相当高，经常可以升任船主。

"总管"，又叫总官、总杆。他是由宋元的"杂事"演变而来的。如同杂事一样，总管"掌船中一应

---

[1] 〔日〕西川如见：《增补华夷通商考》。
[2] 〔日〕西川如见：《增补华夷通商考》。

杂务",处理船上的日常行政事务。总管的地位略低于财副,也设立正、副二名。

再看一看"伙长"。伙长,又叫做火长、火头。根据日本一部古书《长崎土产》的解释,这一奇怪名称的来历是这样的:船上的水手叫"伙计",而专门指挥水手操纵船只的职务也就称为"伙长"了。这个职务,元代已经有了,明清时期地位更加重要,专门负责船舶的操纵和驾驶,是海船上最高的航海技术职务。具体来说,伙长的工作主要有三项:第一,用水罗盘测定航向,用"漂木取更法"(一种以木片测速的方法)计算航速和航程,并在此基础上进行简单的航迹推算;第二,通过观测天上的星星、地上的目标等办法,推测船舶的大致方位;第三,凭借丰富的经验预报天气变化。可见伙长职务中的"技术含量"是相当高的。

正因为这一职务的技术要求高,所以在船舶航行途中,伙长往往具有很大的权威,号称"波路壮阔,悉听(火长)指挥"[1],连船主也要让他三分。在郑和下西洋的船队中,就配备了一批伙长,其中还有不少外国人担任的"番人火长"呢。

比伙长略低的叫"舵工",是由宋元的"梢工"沿袭过来的。在航行过程中,舵工和伙长有所分工:在大海里航行,舵工必须听从伙长的命令来操舵;当船舶驶近港口的时候,舵工则全权负责船舶的驾驶,不需要再听从伙长的指挥了。有趣的是,某些长年在

---

[1] 张燮:《东西洋考》。

海上漂泊的走私商船,甚至还在一条船上设置了多达24名的舵工,这些舵工被分成了6批,每批4人值1班,每班4个小时,这样昼夜不间断,来保障走私船的快速和安全。

"阿班",又叫亚班、鸦班。他承担了整修船帆和帆索、悬挂旗帜、瞭望等需要攀登桅杆的工作,相当危险辛苦。阿班的地位也比较高,是仅次于伙长和舵工的航海技术职务。

除了上面提到的海员职务外,明清时期还有不少其他的海员职务。例如,负责操纵风帆绳索的"缭手",驾驶与维护救生艇的"三板工",负责船舶收放锚的"碇工",维修船上木器的"押工",率领水手工作的"大老",做饭的"总哺"。另外,船上有两个极特殊的职务。一个是"香公",古代航海者十分迷信,在船上专门设立了祭神的舱房,香公就负责在那里祭神。另一个是"剃头",清朝强迫汉人依从满族习俗剃去前半部头发,号称"留头不留发,留发不留头",船上的剃头就是专门给船员剃去头发的理发师。

大家应该知道,上面的这些海员职务完全是在中华民族数千年的航海历程中,自我发生、自我发展、自我完善起来的。在西方殖民者大举东侵的前夕,这些独具东方"古色古香"的海员职务体系,已经达到了相当成熟的地步。可是,"夕阳无限好,只是近黄昏"。当西方资本主义航海文明长驱直入的时候,这种古老的东方体系也就迅速瓦解,和古老的帆船运输业一道,走到了它的尽头。

九　从市舶司到海关

今天，在我国960万平方公里的土地上，凡是对外开放的港口、车站和飞机场，都设有一个国家行政管理机构，专门负责对进出国境的货物、旅客行李等进行检查监督，叫做"海关"。这是大家都熟知的一个事实。可是，当你在进出昆明机场或者满洲里车站的时候，不知是否想到了这样一个问题：在这远离大海成千上万公里的内陆地方，为什么要把设立的进出口货物检查机构叫做"海关"呢？它们实在是跟"海"一点儿关系也没有啊！这个问题，就牵涉到"海关"一词的来历了。其实，"海关"这个机构名称，最早是在距今三百多年的清朝出现的，当时也的确"名副其实"，只能用来称呼沿海开放港口设立的管理机构。直到一百多年前，它才被普遍"搬"到了内陆地区，形成了现在的样子。

那么，清代的"海关"就是我们国家最早的航海贸易管理机构吗？事实上，我国最早的对外航海贸易管理机构，远在距今1200多年前的唐王朝就已经出现了，只不过当时并不叫做"海关"，而是被称为"市舶司"罢了。

宦官与市舶使

说来令人难以相信，我们国家最早的"海关"，竟然是由宫廷宦官来操纵的。

事情还得从唐代谈起。看过《武则天》、《唐明皇》等电视剧的观众，欣赏之余，想必都会对唐王朝的昌盛留下深刻的印象。确实，作为中国历史上最强大的王朝之一，唐朝曾凭借着强盛的国力、繁荣的经济、先进的科技、灿烂的文化，与海外各国建立了密切的航海交往。一时间，大批中外商船在黄海、东海、南海和印度洋穿梭往返。唐代最大的外贸港口广州，也是帆樯林立，珠江岸边停满了婆罗门（今印度）、波斯（今伊朗）、昆仑（今东南亚）等地的船舶，船上装载的香料、珍宝堆积如山，一派兴旺景象。这种情况，自然是瞒不过万里之外的朝廷，历来喜欢搜刮海外奇珍异宝的皇帝对此岂能无动于衷！何况从中收税对国库财政还有一定的好处呢！于是，以皇帝为首的朝廷开始把"手"伸向了广州港，办法就是由中央直接派遣一个官员前往广州，主持与海外贸易有关的活动。这个官员的正式名称叫"市舶使"，是我国最早的海外贸易管理专职官员。

目前我们所知道的第一任市舶使，是开元二年（714年）在职的周庆立。对于这个人，留下来的文字记载寥寥无几，我们只知道他在担任"市舶使"期间，还同时拥有"右威卫中郎将"头衔（侍卫皇帝的中级武官），可见他并不是宦官，而是一名皇帝亲近的中级军官。后来，可能是皇帝觉得这样一个为自己搜罗奇珍异宝的职位，让手下的文臣武将去干，毕竟不很得心应手，况且皇帝搜刮享乐奢侈品的名声一旦传出去也不太好听，如果用自己的亲信家奴来坐这个位置，肯定是会更方便一些的。于是，开元十年（722年）以后，一批宦官市舶使便先后粉墨登场了。韦某、吕太一、李敬实等，都曾经以宦官的身份到广州担任市舶使，担负起海外贸易管理的责任。吕太一甚至还趁"安史之乱"的机会，赶走岭南节度使（两广地区的最高军政官员），自己过了一段作威作福的日子。

当时，市舶使担负的海外贸易管理，主要有以下两项工作内容：

第一项，主持对入港商船的货物检查和登记。

每年夏天刮起西南风的时候，商船纷纷从海外乘风前来广州，市舶使也就开始忙碌了。商船一靠抵码头，等候已久的市舶使便带着手下登船，着手履行检查和登记手续。按照惯例，海商首先要大摆宴席，招待市舶使一行，这叫做"阅货之宴"。在众人酒酣耳热时，海商便将船上的每种货物都挑出一份样品，交给市舶使审核。这也往往是商人们行贿的好机会，从市舶使到手下小厮，人人能够得到一份厚礼，不然的话，后果是可想而知的。

酒足饭饱之后，市舶使一班人就按照海商提供的样品，着手对货物逐项予以核实登记，同时还要在船上搜查有没有私藏起来的东西，这叫"检阅"。一旦发现商人和船员有私藏不报的东西，要根据唐王朝的法律实施处罚，严重的还要被关进监狱。

检查与登记完毕，市舶使一行人便指挥和监督役夫工人，将船上的货物全部搬到码头附近的官府仓库里，封存起来。等到夏季西南风即将结束，最后一条商船的货物也卸进了仓库，市舶使就着手将待售的货物分门别类，确定一个公平合理的价格，然后由商人们各自运到市场上按照牌价买卖。这种"物价调控"的办法，可以防止货价的暴涨暴落，保护了买卖双方的利益。

第二项，负责向商船征税。

这是唐王朝设置市舶使来管理海外贸易的主要目的，市舶使当然对此不敢怠慢了。

唐代对外贸船舶的税收主要有三大类：一是"舶脚"，即按照商船吨位的大小征收进口税，从现代的角度看，它类似于国家对外国商船征收的吨税，所以又叫"下碇（石锚）之税。"二是"收市"，就是唐王朝对某些进口货物实行政府优先收购的行为，有点类似于现在国家对某些进口商品（如烟酒）专买专卖。由于国家收购的都是市场上的"俏货"，又经常以低价强行购买高价的货物，贱买贵卖，往往可以攫取大量的商品差价之利。三是"进奉"，指外国海商将某些奇珍异宝无偿"献"给唐朝廷。开始的时候，"进奉"可能还是一种自愿行为，以后渐渐蜕变为强迫奉献，成了变相的税收。

当然，以上这两项工作还只是市舶使的主要职责，其他像接待途经广州港的外国航海使团、管理两广地区的外国侨民等事务，也都是由市舶使去负责处理的。

大家要知道，与唐王朝同时的海外其他国家，很少有正规的海外贸易管理，而是随意巧立名目，勒索外商。和他们相比，唐王朝对海外贸易（主要是广州港）的管理，还是相当规范的。但我们也不能不看到，在对海外贸易进行管理的过程中，宦官市舶使及其主子唐朝皇帝，都捞取了无数的好处。谁又能够知道，在杨贵妃她们那满身珠光宝气的背后，究竟隐藏着多少海商船员的辛酸眼泪啊！

2 市舶司的变迁

唐代出现的海外贸易管理机构，到宋元时期更加完善了。这主要表现在三个方面：一是市舶机构的设置遍及南北沿海对外开放港口；二是市舶机构的内部分工日益细致和明确；三是市舶机构对海外贸易的管理更加广泛和有条理了。

先谈一下市舶机构的设置情况。宋元时期，随着海外贸易的全面繁荣，我国沿海从南到北涌现出了大大小小十几个外贸港口。这样，市舶机构也就不再像唐代仅设在广州一个港口，而是南北"遍地开花"，像广州、泉州、明州（今浙江宁波）、杭州、温州、秀州（今浙江嘉兴）、江阴、密州（今山东诸城）、上海、澉浦（今浙江海盐）等地的港口，都曾经设立过市舶机构。（见图11）由于各个港口的外贸规模有大有小，设置在那里的市舶机构也被划分成了不同的级别。宋代最高一级叫做"市舶司",主要设在广州、泉州等外贸大港;比"市舶司"低一级的叫做"市舶务",往往设在秀州、温州、江阴等较次要的外贸港口;最下一级叫做"市舶场",是"市舶务"派出的分司机构,设在澉浦、上海等小型外贸港口。这种三级划分,恰好与现代海关分为海关、分关和支关三级相似。元代一度设立的总管全国市舶机构的"泉府司",也就更像今天的海关总署了。

在宋元时期,市舶机构的负责人"提举市舶司(务)",不再像以前那样由宦官担任,而是改从一般的官员当中选拔调用了。"提举市舶司"的地位比较高,宋代时一度有权对周围的州县官员进行监督,元代为从五品,也相当于一个知州的品级。提举市舶司的下面,又有官和吏两套班子。官员班子有同提举、监官、知事等,他们的职责大同小异,都是辅助提举市舶司工作,很少承担某项具体责任。吏人班子包括管理航海证书发放的"孔目"、掌管会计事务的"手分"、负责文书抄写的"书表司"、掌管货物估价与度量的"专秤"、负责货物保管的"专库"、主持外商接待的"客司"等,市舶司内部的具体事务全由他们来办理。当然,这种"官"只管做官,而事情由"吏"来干的情景,也是中国封建官僚机构普遍存在的现象,并不是市舶司一家的"专利"。

这个由官员和吏人共同组成的市舶机构究竟有哪些职责呢?主要是负责船舶出海文件"公凭(验)"

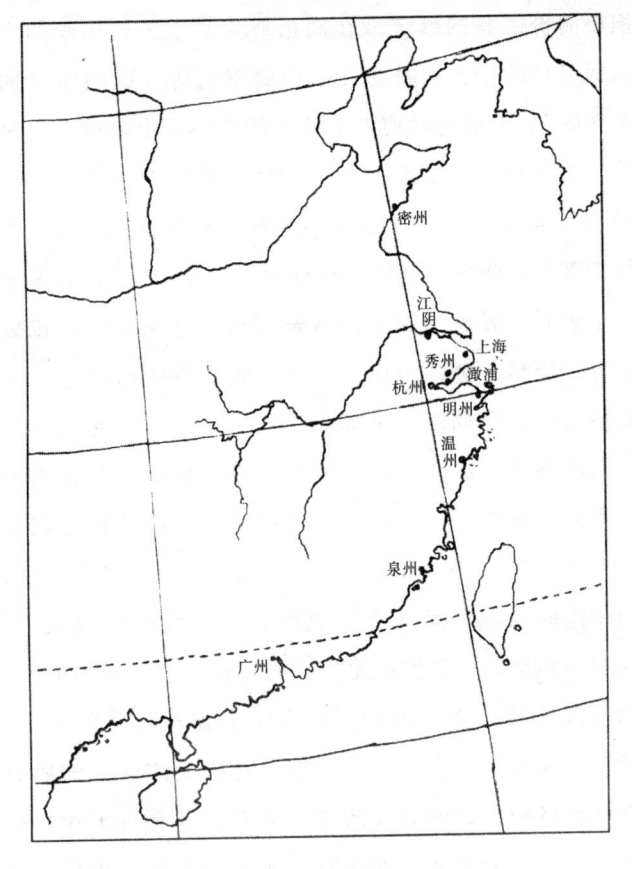

图 11　宋元设置市舶机构的港口图

的审批和签发、船舶进出港口的监督和检查、货物的税收、吸引并管理外商等工作。其中仅仅缉查走私一项，工作就是相当繁重的，下面便谈一谈这当中的情况。

大家知道，哪里有海外贸易管理，哪里就会有走私偷漏税出现。当时，海商们在长期的航海贸易活动中，摸索出了不少走私偷漏税的手段。他们有的将体积小而价值高的珍宝藏在船板或人身上，如雨伞的空心柄里藏珍珠、衣服的夹层中藏翠毛等，这叫做"曲避作匿"；有的把政府专卖的货物变换一个名称蒙混过关，如把政府明令专卖的乳香冒称普通的香料，这叫做"托故易名"；还有的抢在市舶司检查抽税之前，先行把部分货物偷运上岸，这称为"前期传送"，如南宋一个名叫王元茂的大海商就曾用这种办法一次逃税数十万。但是，魔高一尺，道高一丈。市舶司经过与走私活动的多年周旋，也同样找到了不少对付海上走私行为的办法，这当中最主要的就是严格船舶的入港检查手续。首先，各市舶司往往把船舶的锚地指定在离港口很远的海域，以防止船舶和岸上勾结起来走私，明州港的锚地甚至选在了离港口上百里外的白汰门。商船一到锚地，等候在此的市舶司官吏们就蜂拥而上，用长钉子钉死货舱的舱门，再贴上盖有官印的封条，押船前往港口。进入港口以后，对船上的商人和船员逐一严格搜身，没有发现夹带东西，才允许上岸。就这样，在整个宋元时期四百多年的航海贸易史中，海商与市舶司之间走私与反走私的较量，一直没有中断过。

明朝建立后，市舶司仍然保存了下来，东南沿海的广州、泉州、宁波、太仓等港口都曾经设置过市舶司。但是与宋元两代鼓励民间进行海外贸易的政策不同，明王朝实行的是严厉禁止或限制民间海外贸易的"海禁"政策。这样一来，原先主要是管理民间航海贸易的市舶司，就失去了它的管理"对象"，但又不能无事可干,只好"改行"从事起了外交使团的接待工作。可外国的外交使团并不是年年都能来的,经常是几年甚至十几年来一次,结果市舶司在大部分时间里还是无所事事。一来二去,市舶司便成了一个人人皆知的闲散机构,官员们因事得罪后,往往被贬到这里"静思悔过"。这种状况一直持续到清军入主中原,新朝自然不会再白白养活这么一批闲人了。于是,曾经在中国航海贸易管理史上显赫一时的市舶司体制,也跟着旧王朝一道消失了。

3 海关昔日谈

清王朝建立初期,在我国的东南沿海一带,还活跃着郑成功的反清势力。他们以众多岛屿为基地,在茫茫的大海摆下战场,神出鬼没,让不擅长水战的清军吃尽了苦头。为了对付郑成功的袭扰,无计可施的清政府干脆采取了一种"笨"办法,这就是推行海禁和迁海法令,禁止民间出海贸易,我国古代的航海贸易业因此受到了沉重的打击。

康熙二十二年(1683年),清朝水师在提督(一省最高武官)施琅的率领下,攻灭台湾郑氏政权,东南沿海一带重新归于平静。在这种情况下,康熙二十三年(1684年),清政府下令停止海禁,正式开放了海外贸易。

海外贸易开放了,设立专门管理机构的问题也就随即摆到了清朝廷面前。沿用以往市舶司的名称显然是过时了,应该选定一个新的机构名称。康熙二十四年(1685年),清政府宣布在江苏的云台山(今上海,一说为连云港)设立江海关,浙江的宁波设浙海关,福建的漳州(后迁至福州)设闽海关,广东的广州设粤海关,专门管理对外航海贸易事务。从此,中国的封建海关正式建立起来了,这也就是我们今天常见的"海关"一词由来。

早期的海关,组织机构并不太一样,江海关由江苏巡抚(一省最高行政长官)委托苏松太道(省以下、府以上的高级行政长官)监督,浙海关由浙江巡抚委托宁绍台道督察,闽海关由福州将军(一省最高军事长官)兼管,只有粤海关由朝廷直接委派内务府官员管理。海关的最高官员叫做"海关监督",主要负责进出口船舶和货物的监管,地位不高,"油水"却不少,是一个官员们争夺的"肥缺"。电影《林则徐》里刻画的那个粤海关监督,就形象地揭露了海关监督的贪婪嘴脸。

那么,海关监督是怎样利用职务之便捞取"外快"的呢?这就牵涉到当时的海外贸易税收制度了。按照清政府的规定,海关征税分成船钞和货税两大部分。船钞按船舶的大小分等级征税,相当于现代"吨税"。货税根据进出口商品的价格征税,相当于现代"关税"。为了执行起来方便,清政府还公开了各项税收的具体数目,这在今天叫做"关税税则"。表面上看,清政府制定的关税税则相当仔细,仅闽海关一地就包括了1984种进出口商品,分别制定了不同的税率标准。

但实际上,海关监督征收的税额远远高于表面规定,关税税则成了一纸空文。

表1 广州港部分货物税收表

进出口	货 名	单 位	规定税则（两）	实征税则（两）	实征额为法定额的倍数
进 口	棉 花	一担	0.298	1.740	5.8
	洋 布	一匹	0.069	0.373	5.4
	漂白棉布	一匹	0.285	0.702	2.4
	棉 纱	一担	0.483	2.406	5.0
	大 呢	一丈	0.711	1.242	1.7
出 口	湖 丝	一担	15.276	23.733	1.5
	广东绸	一担	8.576	10.570	1.2
	砂 糖	一担	0.269	0.475	1.8
	棉 布	一担	1.843	2.651	1.4
	茶 叶	一担	1.279	6.000	4.7

从表1中可以看出实际征收都超过了法定额的数倍。这些多收的部分全是海关自己加上去的,叫做"陋规杂费",海关上至监督下到普通办事员的"外快"就是从这儿来的。乾隆二十四年（1759年）,朝廷曾经特命广东巡抚调查这种情况,结果发现粤海关共有68条陋规杂费,像船舶进出港、领取牌照、船舶丈量、开舱、验舱等海关职责范围内的事情,也要一手交钱一手办事。这个广东巡抚最后估计,平均一条船进出口要为此多缴纳1400余两白银,数目之大,令人咋舌。封建官吏的敲诈勒索堪称是无以复加了。

鸦片战争后,西方资产阶级为了进行殖民地的商业掠夺,开始处心积虑地阴谋攫取中国的海关主权。

1842年签订的中英《南京条约》第10款规定"协定关税",使中国海关初步丧失了关税自主权。1854年,英、美、法三国驻上海领事胁迫上海道台吴健彰开会,决定由三国各派一人组成海关税务管理委员会,监督管理上海江海关的一切事务,并任命一名外籍税务司具体管理海关,上海海关的主权从此落入了西方殖民者的魔掌中。

1858年,腐败无能的清政府又和英国签订了《通商章程善后条约》,规定各个对外贸易通商口岸都要由英国人"帮办税务"。这样,外国人管理中国海关的模式,从上海一港迅速被推广开来了。在1859~1864年的短短5年时间里,北起牛庄(今辽宁海城),南到广州,西方殖民者一口气竟建立起了14处海关,还设立了英国人担纲的海关总税务司。可见西方殖民者侵略中国的"热情"和"效率"之高了。

这些由西方人把持的海关,当时又叫做"洋关"。它们名义上仍由清政府领导,实际上却完全由外国殖民者操纵,成为西方列强在中国实行殖民统治的总机构。与今天的"海关"职能不同,这些近代海关的权力是相当大的,不仅统管全国的关税税收,而且还直接操纵全国的航运、航政、引水、海事行政、港口等许多事务。所以说,海关管理权的丧失,对近代中国航海事业的打击是十分沉重的。

新中国成立后,站起来了的中国人民掌握了自己的命运,一举收复了被西方列强把持达九十年之久的海关管理权。"洋关"、"税务司"之类带有殖民主义色彩的名词,也被扫进了历史的垃圾堆。前事不忘,后事之师。今天,当人们在上海外滩的海关大楼前面悠闲散步的时候,不应该忘记我们民族曾经受过的那一段屈辱历史,要更加珍惜现在的幸福生活,并为更美好的未来而奋斗!

十　古港沧桑

大家知道，海上航行是要从港口出发的，也要以到达港口来结束。我们的祖国幅员辽阔，海岸线绵长，港口星罗棋布，几乎每个港口都有自己的一段故事。远在春秋战国时期，在燕国东部的渤海海岸就出现了碣石港（今河北昌黎），在齐国东部的黄海之滨出现了琅邪港（今山东胶南）。到了汉晋时代，南方的广州和交州（今越南河内附近）两港逐渐兴起，号称"商舶远届（达），委输（转运）南州，故交（州）、广（州）富实，牣（满）积王府"①。东汉延熹六年（163年），西方罗马帝国的皇帝安东尼第一次遣使来华访问，也是由交州港登陆的。然而，纵览我国古代港口的兴盛，那还得从唐代开始谈起了。

1　四大港口之"谜"

一提起唐朝，人们大都会联想到唐太宗的"贞观

---

① 《南齐书·东南夷传》。

之治"和唐玄宗的"开元盛世"。的确，盛唐时期的中国，社会经济、政治、科学文化空前发展，中外海上交通也达到了一个新的阶段，涌现出了一批举世闻名的外贸港口。流传至今的古代阿拉伯文献中，便记载了许多唐代港口的名称。在这里，我们就先从"四大古港之谜"说起吧。

9世纪的时候，有个名叫伊本·考尔达贝的阿拉伯地理学家，写了一本名著《道里邦国志》（又叫《省道志》）。在这本书里，他曾从南向北顺序记录了当时的中国四大港口：

由桑甫（Sanf，即占婆，今越南南部）至中国第一港口阿尔瓦京（al-Wakin），或航海，或陆程，皆一百法尔桑（古印度行军计程单位，1法尔桑约为6.24公里）。阿尔瓦京有中国锻炼之精铁、磁器及米，此为大埠。由阿尔瓦京航海四日，可至康府（Khanfu），陆行则需二十日始能到达。康府产各类水果、蔬菜、小麦、大麦、米及甘蔗。由康府行八日至蒋府（Khanju），出产与康府相同。由蒋府行六日至康图（Qantu），出产亦同前。

近百年来，围绕着上述四个港口究竟指的是什么地方，不少中外学者展开了争论。其中Khanfu即广州（广府）、Qantu即江都（今江苏扬州），学者们没有太大疑问。al-Wakin和Khanju，学者们却说法不一。有的讲al-Wakin指的是比景（今越南顺化附近），也有的讲 al-Wakin 指的是龙编（今越南河内）；有的说 Khanju 指的是泉州（泉府），也有的说 Khanju 指的是宁波（越府）。那么，究竟哪些港口能是四大港口呢？让我们不妨先分别来看一下这些"候选"港口的情况。

广州港的海外贸易历史悠久，唐代以前已经是全国屈指可数的外贸要港了。唐代的时候，广州港的地位更是扶摇直上，成为最大的外贸港口。《旧唐书》曾记载，大历五年（770年），李勉出任广州刺史（唐代州郡最高行政长官）的第二年，海船一年入港高达4000余艘。著名的鉴真和尚在天宝九载（750年）访问广州时，也亲眼看到珠江中停泊着婆罗门（今印度）、波斯（今伊朗）、昆仑（今东南亚）等国的船舶"不计其数"，船上"载有香药（料）、珍宝，积载如山"。等到9世纪阿拉伯商人苏莱曼到达广州的时候，看到的已是帆樯林立，商货云集的繁华港埠，仅仅来自海外的侨民数，就达12万人以上了。

广州港口对外贸易的兴盛，还给当地官吏的营私舞弊留下了机会。一个名叫王锷的广州刺史，就是利用手中的权力，强行收买海外珍宝。据《旧唐书》记载说，王锷采用这种手段强取豪夺了海外货物之后，每天发出10余艘船舶，满载着犀象珠宝等外国奇珍，运往北方中原地区，做生意赚取利润，"周以岁时，循环不绝，凡八年"。另一个名叫路嗣恭的大官僚，借着平定广州叛乱之机，没收城里大海商的资产归他个人所有，家财竟一下子增加了数百万贯，连当时的皇帝也看不过眼，想要跟他算账。通过以上这几件事实，人们不难看出，广州的第一大外贸港口之名，确实是"名"不虚传。

扬州地处长江下游，是唐王朝的"经济大动脉"大运河与长江的交汇处。独特的地理位置，使扬州港埠在唐代迅速繁荣起来，一跃成为全国第二大外贸港口。这里既是盐、铁、茶、丝棉、药材、珠宝等商品的转运中心，又是以铜器制造、丝织、造船等手工业闻名的手工业都市，号称"扬（州）一益（州）二"。大批海外商人慕名前来扬州做生意，不少人还流连忘返，不愿离去，形成了波斯人聚居的"波斯庄"、新罗（今朝鲜）人聚居的"新罗坊"、波斯人经营的"波斯邸"等。诗人杜甫在《解闷》小诗里写道："商胡离别下扬州，忆上西陵故驿楼。"

"安史之乱"中，一个名叫田神功的唐朝军阀，曾经趁机在扬州抢劫居民的财产，仅仅大食（唐指阿拉伯帝国）、波斯（今伊朗）等国的遇难海商就达数千人，由此不难想象当时扬州港对外贸易的兴旺程度了。

明州（今浙江宁波）位于甬江下游，濒临杭州湾，航道四通八达，海上交通十分便利，一向是我国对外贸易的重要港口。随着唐代中日航海交往的活跃，明州港迅速成为对日贸易的门户和桥头堡。根据有关专家的统计，仅在882～1191年这300多年的时间里，中国商船从明州港出发前往日本已达100多次，平均三年就有一次。中国航海家张支信、李延孝、李邻德等人，都多次由明州扬帆起航赴日，不少日本访华的僧人，也纷纷慕名前来明州港搭船回国。至今还保存在日本的最澄法师回国证明"文牒"，就是由明州刺史孙楷在贞元二十年（804年）签发的。

泉州地处福建南部，靠近晋江下游的泉州湾。泉州港从唐代中后期开始崭露头角，不少海外各国商人纷纷乘船前来。他们有的经商，像天佑元年（904年），三佛齐国（今苏门答腊东南）就派遣了一个官商蒲阿粟，专门到泉州港进行贸易活动；也有的宣传伊斯兰教。据说伊斯兰教创始人穆罕默德的弟子三贤沙仕谒和四贤我高仕，曾在当地传教，泉州郊外灵山的圣墓，即埋葬着他们二人。

泉州港的外贸活动，在北方中原也颇有一些名气。诗人包何在《送李使君赴泉州》中咏道"市井十洲人，还珠入贡频"，可见当地的海外贸易景象十分繁华。太和八年（834年），皇帝专门下诏，要求"岭南（今广东）、福建及扬州蕃客（外国客商），宜委节度观察使常加存问"①，就福建来说，泉州是外商聚集最多的地方，显然毫无疑问。

龙编位于红河下游，是唐代安南都护府所在地。《旧唐书》记载："交州都护制（控制）诸蛮（古代对其他民族的蔑称），其海南诸国，大抵在交州南（方）及西南，居大海中洲（陆地）上，相去（距）或三五百里、三五千里，远者二三万里，乘舶举帆，道里（距离）不可详知，自汉武（帝）已来，朝贡必由（从）交趾之道。"唐代人曾经介绍说，外国船舶每年都要到安南、广州二港停泊贸易。这里的交趾、安南，

---

① 《唐大诏令集·太和三年疾愈德音》。

指的就是龙编港。

比景位于灵江口附近,是唐王朝对南海和印度洋各国贸易的第一个港口,地位十分重要。当时,中外商船前往南海和印度洋,都要"整帆匕(比)景之前",在比景港短暂休整。商船来唐朝的时候,又要"息匕(比)景而归唐",在港口稍事逗留休息。

通过上面的介绍,读者们不难看出,这些港口的海外贸易活动都很活跃,具有"荣膺"唐代四大港口的资格。难怪这场四大港口的争论持续百年,迄今仍无定论了。

② 刺桐港兴衰记

20世纪70年代,在福建泉州的后渚一带,当地居民经常到海边的滩涂里掘挖木板,带回家晾干做烧饭的柴火。这件事情引起了附近大学一位教授的注意:海边怎么会有这么多的木板?莫非下面埋藏有古代的东西?1974年在教授等人的奔走呼吁下,当地政府在海滩进行了挖掘工作。果然不出所料,一艘船体完整的宋代海船被挖了出来(见图12),沉默已久的古代大港泉州,也再次成为世人瞩目的焦点。

泉州港,又叫刺桐港。这个港口在唐代中后期开始兴起,但外贸规模还远远赶不上南面的广州港。过了两百多年,到北宋中期,由于广州地方官员对外贸船舶强买强卖,以及广源州(今越南高谅)少数民族首领侬智高进攻两广等事件,广州港的海外贸易一度

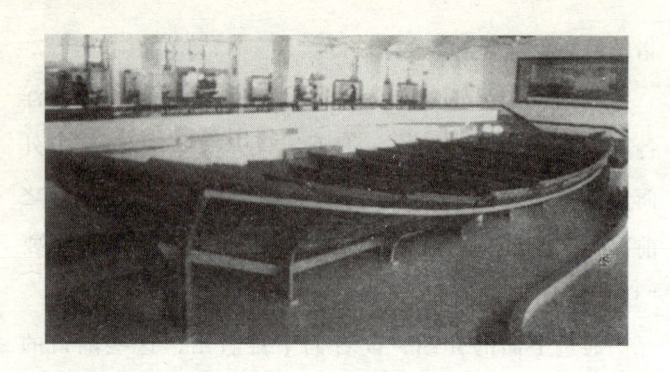

图 12　泉州出土的南宋海船

不景气，大批中外船舶纷纷改道北上泉州。此消彼长，泉州港的海外贸易便迅速发展起来，成为一个繁华热闹的港口了。

北宋灭亡后，宋高宗赵构定都临安（今浙江杭州），建立了偏安一隅的南宋朝廷。连年的宋金战争，并没有波及泉州港，加上港口又靠近最大的消费性城市临安，一时间，泉州港的海外贸易规模进一步扩大，号称"泉（州）有蕃舶之饶（富），杂货山积（堆积如山）"[①]。开禧年间（1205～1207年），前往泉州港贸易的国家和地区有30多个，到宝庆元年（1225年），这一数字便增加到50多个，已经能够和广州港并驾齐驱了。

南宋中后期，朝廷从泉州港海外贸易中捞取的税收高达近百万缗，约占当时国库总收入的五十分之一，数额相当巨大。为了维护这一财源，宋朝廷很注意提

---

① 《宋史·杜纯传》。

高泉州港的知名度，一个阿拉伯海商蒲寿庚，就被任命为泉州港口的主管官员。蒲寿庚还真的不负南宋朝廷所望，他充分利用自己在外商中的威信和声誉，招引外国商船前来泉州港停泊贸易，结果港口得到了更大的发展，朝廷也从中赚到了更大的税收实惠。

1279年，元灭南宋统一了中国。元朝廷对富饶的泉州港垂涎已久，于是竭力争取控制泉州港实权的蒲寿庚归顺。蒲寿庚一投降，元将董文炳当场解下自己身上的金虎符给他佩带，不久他又被授予行省参知政事的官职，统管福建沿海一带的军政事务。蒲寿庚也积极为元朝廷效力，派遣手下到海外各地宣传新王朝的对外贸易政策，得到了外商的欢迎，纷纷前来泉州港贸易。很快地，泉州港空前繁荣起来，一跃成为中国第一大外贸港口，同时又是世界最大的港口之一。

全盛时期的泉州港，港内船舶你来我往，热闹非凡。码头上货物琳琅满目，堆积如山。附近有大大小小的旅店、酒馆，供商人水手们居住消遣。在这里，我们不妨借用两个著名人物的记述，来看看泉州港的繁荣景象。

第一个人是大名鼎鼎的意大利旅行家马可·波罗。在侨居元朝17年期间，马可·波罗曾游历过泉州，后来又从泉州乘船回国。在《马可·波罗行记》里，他是这样描写泉州港的：

刺桐城城甚广大，隶属福州。……应知刺桐港即在此城，印度一切船舶运载香料及其他一切贵重货物咸莅此港。是亦为一切蛮子（元代指江南地区）商人常至之港，由是商货、宝石、珍珠输入之多，竟至不可思议，然后由此港转贩蛮子境内。我敢言亚历山大（指埃及大港）或他港运载胡椒一船赴诸基督教国，乃至此刺桐港者则有船舶百余。所以大汗在此港征收税课，为额极巨。

另一人是同样有名的摩洛哥旅行家伊本·白图塔。他曾从印度航海来到泉州港登陆，北上访问了元大都，不久又返回泉州乘船西还。在《伊本·白图塔游记》里，他不惜笔墨，大大介绍了一番泉州港的情况：

吾人海行后，首先登陆之城为刺桐城。……此城甚壮丽。织造绒及一种名为刺桐缎之缎子，较之行在（杭州）汗八里（北京）所织之缎为优。刺桐港为世界大港之一，竟可谓为世界最大之海港。我在港中见大舶约有百艘，小舶不能数计。是为一大海湾，伸入陆地与大河连接。

当时，随船前来的外国商人和水手们，惊叹泉州港的繁华，不少人还在此地定居下来。直到今天，用阿拉伯文、波斯文等外国文字镌刻的石碑，在泉州经常能够发现，并不稀罕。泉州法石乡民中的蒲姓、卜姓、金姓，陈埭乡民中的丁姓，还是元代外侨的后裔呢。

元末明初，泉州地区爆发了持续十多年的战乱，港口遭到了多次劫掠和破坏。明代实行的"海禁"政策，更使泉州港雪上加霜，从此一蹶不振。尽管泉州港失去了其原有的光彩，但作为一个曾经闻名世界的贸易大港，她在中国航海史上的地位是不可磨灭的。各位读者如果有机会的话，不妨到泉州去看看，全国唯一的海外交通史博物馆里陈列的宋代海船、元代外侨石碑，以及城内的清净寺、开元寺，一定会告诉你泉州港曾经有过的辉煌，会向你诉说当地曾经发生的故事。

3 上海港的兴起

今天，提起上海的名字，在我国称得上是家喻户晓，妇孺皆知了。但上海究竟是怎么发展到现在这个样子的？这恐怕知道的人就不太多了。其实，上海城市的发展，在很大程度上与上海港的兴起有关。城以港兴，两者之间实在有着直接的"姻亲"关系。

上海地区的港口，最早可以追溯到宋代。北宋政和三年（1113年），朝廷曾在号称"东南第一大县"的秀州华亭县（今上海松江）设立市舶务，管理当地的海外贸易事务，辖下的华亭港和青龙港（今上海青浦），也成了当地重要的两个内外贸易港口。但是，随着时间的推移，上海地区的海岸线不断向东推进，沧海桑田，华亭港和青龙港离海越来越远，到南宋末年便一蹶不振了。此时，在青龙港往东50多里的地方，大约相当于今天上海南市区濒临黄浦江一带，又开始

出现了一个新的港口,这就是上海港的前身——上海镇港。(见图13)

上海镇最初不过是一个滨海的小渔村,南宋末年正式建镇。进入元代以后,上海镇的港口得到了迅速发展,成为南粮北运的重要起航港之一。明朝时期,上海港作为苏南经济发达地区的出海门户,港口规模继续扩大。有人曾经估计,明代中后期,上海港一年吞吐的货物有:棉花和棉布2万吨以上,商品粮9万吨左右,漕粮7万吨,盐0.5万吨,丝、糖、铁、瓷器等1万吨,港口全年吞吐的货物累计20万吨左右。上海港已经在国内沿海港口中崭露头角了。

清王朝建立后,上海港直接的经济腹地——苏(州)松(江)常(州)地区的商品经济更加发达了,上海港也开始在沿海港口群中脱颖而出。到鸦片战争以前,已有5条主要航线会聚在上海港,其中北洋航线(指我国北方沿海航线),每年进出的货物吞吐量70万吨上下;南洋航线(指我国南方沿海航线),每年进出的货物吞吐量37万吨左右;长江航线,货物年吞吐量45万吨左右;内河航线,年吞吐量估计有40万吨;国外远洋航线,货物年吞吐量5万吨左右。港口货物年吞吐量合计接近200万吨,跃居全国第一大内贸港口。

大批货物的进出港口,还刺激了上海地区帆船运输业的发展。19世纪初叶,聚集在上海的船舶主要是沙船,多达三千五六百艘。大沙船载重三千石,小沙船也可载重一千五六百石。这些沙船船主不少为上海的当地居民,上海于是有了"沙船之乡"的称号。正因为沙船对早期上海港市发展的独特贡献,所以今天上海市的市徽上还有一个沙船图案呢。

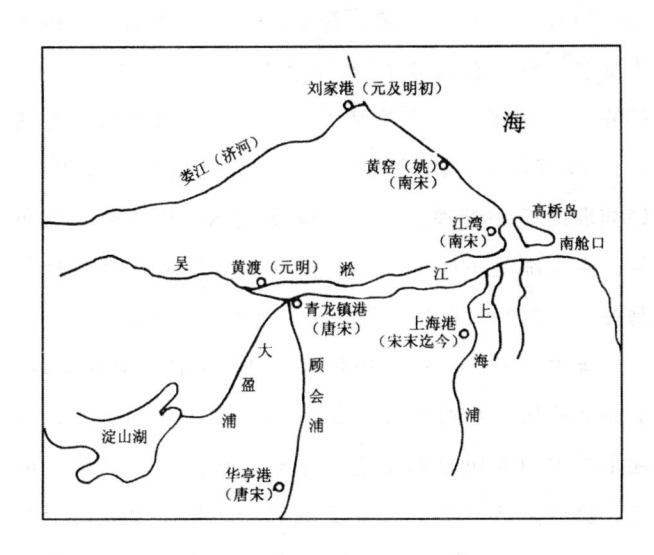

图13 上海地区港口位移示意图

1840年爆发的鸦片战争,使中国历史发生了重大转折。西方列强早就垂涎三尺的上海港,也成了清政府最早开放的五个港口之一。很快地,上海港凭着优越的自然和社会条件,吸引了众多的外国船舶。1852年,上海港从英国进口的货值已超过广州,输往英国的出口货值,上海港也超过广州1.7倍。这个时候,上海港已成为全国最大的对外贸易口岸,成为仅次于印度加尔各答的亚洲第二大港。进入20世纪,上海港持续繁荣。1931年,港口吞吐量高达1265.8万吨,挤进了世界十大港口之列。

然而，近代上海港的繁荣史，同时又是一部中国主权丧失的屈辱史。外国侵略者强迫清政府开放上海港之后，得寸进尺，不久就打起了上海港管理权的主意。1851年，由英、美、丹麦、荷兰和葡萄牙5国领事提名，宣布任命美国人贝莱士为上海港的港务长。1862年，英国人贺克莱又担任了上海港港务长。此后直到1945年，上海港港务长一职始终由外国人担任。诸如港内船舶管理、引水、设立航标、建造码头等事务，本来都是中国的主权，但在西方列强蛮横无理的劫夺下，这些大权都落到外籍港务长手里了。

雄鸡一唱天下白。1949年5月27日，上海解放，上海港的历史也翻开了新的一页。在短时间内，站立起来的中国人民收回了港口主权，成立了自己管理的港务机构，从根本上改变了港口的性质。今天的上海港，正进入有史以来最繁荣兴旺的时期。自1984年开始，港口货物吞吐量已连年超过一亿吨，成为世界五大港口之一。可以预计，随着我国建设"上海国际航运中心"构想的实施，上海港的发展将更加迅速，上海港必将续写一部新的历史篇章。

十一　铁蹄下的近代中国航权

一提起鸦片战争，所有熟知那段历史的人都知道，那是中国沦为半殖民地半封建社会的开始。

如果道及鸦片战争之后，外国航运者是在怎样的历史背景下蜂拥而至，摧毁中国传统的航运业，遍设航运企业，垄断航运市场的历史，知道的人恐怕就不会太多了。

航权的丧失

中国航权的丧失，可以说是外国航运者在中国经营航运业的先决条件，也是外国航运者在华设立航运企业，摧毁中国的航运业，鹊巢鸠占的重要原因。

什么是航权呢？通常说，航权是船舶在一国领水航行的权利。具体说，航权又可分为广义和狭义两种。广义上的航权包括面很广，有沿海贸易权、内河航行权、内港航行权、引水权、港务管理权、航标设置与管理权等等；狭义上的航权仅指沿海贸易权、内河航行权、内港航行权三种。这里主要介绍的是狭义航权丧失的情况。

中国沿海贸易权、内河航行权、内港航行权的丧失共分三个阶段。第一阶段是沿海贸易权的丧失。什么是沿海贸易权呢？沿海贸易权一般指船舶在本国沿海各港之间运输货物的权利。沿海贸易权只限本国船享受，外国船非经许可不许在主权国家沿海各港之间运输货物。那么，中国的沿海贸易权是怎样丧失的呢？1842年，英国挟其鸦片战争胜利之威，迫使清政府签订了丧权辱国的《南京条约》。条约除将香港割让英国外，还迫使清政府开放广州、厦门、福州、宁波、上海等五处港口为通商口岸。1843年，中英《五口通商附粘善后条款》第四条规定：英商贸易处所只准在五港口，不准赴他处港。条约明确规定了五口为对外贸易港，可进行直接贸易。1844年，美国采取威胁、恫吓的手段，吓得清政府赶紧派耆英在7月3日这一天，在澳门附近的望厦村与美国代表顾盛签订了中美《五口通商章程》条约。在条约的第三条中，规定了如下内容：五口通商的船舶，装载货物或互相往来，俱听其便；但五港口外，不得有一船驶入别港，擅自游弋。这个条文虽然仍禁止赴五口之外的港口，但五口间却可"互相往来，俱听其便"一条，为列强日后全面攫取沿海贸易权提供了先期遁词。

在取得了五口通商的权益后，英国进而勾结法美两国，要求清政府准许他们的商船经营中国的沿海贸易。当遭到清政府的拒绝后，英、法便合谋制造了"亚罗号"事件和"马神甫"事件，挑起了第二次侵华战争，因其是第一次鸦片战争的继续，人们往往又称其为第二次鸦片战争。什么是"亚罗号"事件呢?"亚罗号"本是一艘中国商船,船主是中国人苏亚成,该船曾经在香港登记注册。1856年,注册日期已过时,仍为中国商船。在1856年10月8日的这一天,"亚罗号"停泊在广州附近,广东水师探知船上有海盗,便登船逮捕了两名海盗和十余名有嫌疑的船员。英国驻广州领事巴夏礼为挑起事端,说什么"亚罗号"船曾在香港登记是英国船,还造谣说中国水师在船上捕人时,曾扯落船上的英国国旗,有损英国的权利和荣誉,要广州当局赔礼道歉,在遭到拒绝后,便悍然发动了蓄谋已久的第二次侵华战争。什么是"马神甫"事件呢?马神甫名叫马赖,是法国籍天主教神甫,1853年非法潜入广西西林县,1856年被地方官厅判处死刑。法国政府以"为保护圣教"为名,也发动了与英合谋已久的侵华战争。

1858年5月26日,英、法联军进犯天津,扬言进占北京,逼使清政府先后与其签订了中英、中法《天津条约》,条约第五条除对粮食和金银不准外船贩运出口外,准许外船可以在中国任何通商口岸之间运输货物。这是侵犯中国沿海贸易权正式载入不平等条约的条款。1863年的中丹(麦)《天津条约》更进一步订明,只要外商缴纳了关税,无论经营什么,便可任意航行,其他国家援引此例,也获得了同等的权益。至此,中国的沿海贸易权丧失殆尽。

第二阶段,内河航行权的丧失。什么是内河航行权呢?内河航行权是指主权国家的船舶在本国内河航行的权利。是国家主权的有机组成部分。外国侵略者几乎在攫取沿海贸易权的同时，又觊觎着内河航行权。英国驻上海总领事阿利国就叫嚣：如果长江的商业大干道不向我们货运开放，英国货物的进口将无法增加。美国也鼓吹：只要整个内地开放，中国就会成为美国工业之最有价值的市场，其价值大于美国现在所能进入世界一切市场之总和。在第二次鸦片战争期间，侵略者通过一系列不平等条约如中英《天津条约》、中俄《瑷珲条约》、中英《续议通商行船条约》，相继攫取了长江、黑龙江、珠江等主要内河的航行权。

第三阶段。内港航行权的丧失。内港航行权同样是国家主权的组成部分。只有主权国的船舶有权利在本国内港航行、停泊，外国船非经特别许可，不准在内港航行、停泊，反之，便侵犯了主权国家的权益。外国侵略者在攫取了沿海贸易权、内河航行权的基础上，进而又攫取了内港航行权。1895年的中日《马关条约》，便是内港航行权丧失之始。英国见日本取得了该项航权，分外眼红，也要求清政府向其开放内地支流小港。于是清政府命赫德（英国人，被清政府任命为中国海关总税务司）拟定《内港行轮章程》。要知道赫德是英人，心里无时不在想着为其国家效力，让他制定章程，只会有利于侵略者。他在章程中就将清政府要求的通商省份一词删去，使中国内港无论是否通商，均可行驶外轮了。

至此，中国的沿海贸易权、内河航行权、内港航行权便告丧失。航权的丧失，敲响了中国帆航业的丧钟。

最早侵入中国的外国船

最早出现在中国水面的外国船是西式横帆船，到了19世纪30年代，飞剪船（见图14）开始活跃在中国的海域。什么是飞剪船呢？飞剪船是一种改进的水上快速帆船。它的船身长，宽度窄，吃水浅，篷帆多，舷低面平，船头装有突出斜桅，驾驶灵活，顺风逆风都能行驶。其中鸦片飞剪船专门装运鸦片，载货量一般在100～300吨，速度每小时最高可达20海里。飞剪船一般大多配有武器，200吨左右的船配备5～6门大炮，300吨以上的装有11门大炮。船上的人员也比一般商船要多出2～3倍。第一艘到中国来的鸦片飞剪船是旗昌洋行90吨"盎格伦纳"号。另外又有茶叶飞剪船。茶叶飞剪船专门装载茶叶，它的船身大，容积多，风帆面积大。茶叶飞剪船又分为美国茶叶飞剪船和英国茶叶飞剪船。19世纪50年代初，到达上海港最

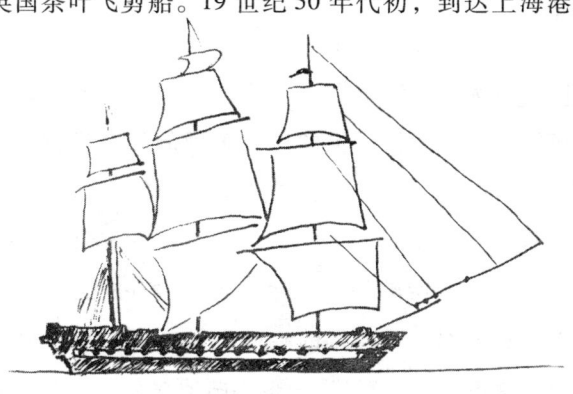

图14 飞剪船

大的美国茶叶飞剪船"爱立尔"号,载重1340吨,最小的"巴拿马"号也有670吨。英国的茶叶飞剪船平均吨位在500~900吨之间。

飞剪船除了从事贩运鸦片、茶叶外,还从事劫夺沿海贸易,掠卖人口等可耻勾当。从它发生到消亡,总共存在不过40多年,却给中国人民带来许多不幸和灾难。

说到轮船最早在中国水面出现,还得从鸦片战争前谈起。据魏源在《海国图志》中记载,1828年,有一艘从孟加拉开出的作为通报艇的轮船,在4月份左右驶抵广州。过了两年,有一艘名叫"福士"号的蒸汽拖轮,驶抵珠江口外的伶仃洋。1835年,又有一艘名叫"渣甸"号的轮船,偷偷地在澳门和广州之间航行,后被清政府发现,勒令其退出中国海面。鸦片战争后,外国的商用轮船开始零星地在中国沿海出现。1842年,英国的"魔女"号轮船,开抵上海港。接着又有怡和洋行的"海盗"号,美国的"财神"号轮船,先后开始在广州和香港间航行。1844~1845年,英国的"大英火轮船公司",最早在中国沿海开辟了定期班轮业务。值得一提的还有美国的旗昌洋行。1853年,旗昌洋行先把一艘名叫"孔夫子"号的轮船,投放在香港和上海间试行。过了几年,又造了"羚羊"号和"闽"号两轮加入营运。洋行中有的老板反对过多地投资轮船,可洋行的经理人保尔·西曼·福士是个地地道道的"轮船迷"。他不断地在美国船厂订造轮船供旗昌洋行在中国航行。1859年,洋行又添了一艘名叫"白云"号的轮船,在香港和广州间航行,1861年再添一艘"火炬"号轮船加入中国沿海的航行。

这样,到1860年以前,西方国家已有10家左右的商行和轮船公司,用二三十只轮船侵入中国水域。这些轮船的航行,为以后大规模地侵入中国,积累了经验。

3 外国在华航运企业的设立

早期侵入中国的外国航运者,尝到了甜头。他们在可耻地践踏了中国主权,摧毁了中国的航运业后,相继在中国的航运大舞台上粉墨登场。苏伊士运河的通航,航运工具的改进,更加快了西方航运殖民者在中国遍设航运企业的步伐。

那么,有哪些国家在中国开设了航运公司呢?公司的名称是什么呢?开设的年代又怎样呢?要了解这些情况,请读者看一看下面所列的统计表,就会一目了然了。

表2 主要外国航运企业在华设立情况统计表

公司名称	设立年代	国　别
旗昌轮船公司	1862	美
中日轮船公司	1862	英
省港澳轮船公司	1865	英、美
公正轮船公司	1867	英
北清轮船公司	1868	英
太古轮船公司	1872	英
华海轮船公司	1873	英
扬子轮船公司	1879	英
怡和轮船公司	1881	英
道格拉斯轮船公司	1883	英

续表

公司名称	设立年代	国别
川江轮船公司	1887	英
黑龙江贸易汽船公司	1892	俄
大来洋行	1901	美
福来洋行	20世纪初	美
祥来洋行	20世纪初	美
天祥洋行	20世纪初	美
日本邮船会社	1875	日
大阪商船会社	1898	日
日清汽船会社	1907	日
大连汽船会社	1910	日
北德意志轮船公司	20世纪初	德
汉堡轮船公司	20世纪初	德
法国邮船公司	?	法
意大利邮船公司	1920	意
金隆洋行	?	丹
顺亨洋行	?	挪

4 各航运企业在华的竞争

外国各主要航运公司在华相继设立后，便张开了贪婪的大口，无情地吞噬着中国航运市场。他们之间为了多得一份美羹，竞相厮杀，在中国江海各线掀起了竞争的狂潮。

长江航线：长江素有"黄金水道"的美称。开放后，先有7家外国航运企业加入该线的营运。他们是：美国的旗昌洋行、同孚洋行、琼记洋行，英国的广隆洋行、怡和洋行、宝顺洋行、吠礼查洋行。他们一加入长江航线的营运,便各施绝计,以图称霸长江。最典型的要数旗昌了。旗昌为了招徕货主,为货主提供各种优惠条件和便利措施;同时,又率先降低上海至汉口间航线的运费。如此一来,迫使那些不是专门经营航运的洋行退出了长江航线的角逐。旗昌初战告捷,乘机又收购了吠礼查、同孚、广隆三家的4艘轮船。长江的货运量有一半以上归旗昌承运了。1866年,宝顺也支撑不下去了,将两艘轮船售给了旗昌,怡和也情愿退出长江航运。旗昌稳稳地坐上了长江航运的头把交椅。

苏伊士运河通航后,来华的轮船激增。旗昌也受到了太古、招商局（中国）的挑战,其垄断地位开始出现了倾斜。最初,旗昌故技重演,以降低运费的手段对付太古。太古不吃这一套,你降我也降,看谁能硬过谁。旗昌一看老办法不灵,无可奈何之下,与太古订立了联营的协定。从此,旗昌垄断长江航线的局面被打破了。招商局加入长江营运后,旗昌联合太古共同对付招商局。结果,招商局没有被挤垮,旗昌自己反倒筋疲力尽了。1877年2月12日,旗昌将公司产权售给了招商局。这个曾经称霸中国航运市场多年的老牌企业,从此偃旗息鼓,退出了中国航运市场。这样一来,长江航线的外籍航运企业只有英国的太古、怡和（后来又加入该线营运）两大公司了。

甲午战争后,日本在华航运势力迅速崛起。在长江航线上,日本的大阪商船会社投入了7艘轮船营运。日本的日本邮船会社又创办了湖南汽船会社,增强了日本在长江航线的竞争力量。

第一次世界大战后,在长江航线上竞争的外籍航运企业,主要是英国和日本。他们之间不但互相压价竞争,而且大量投入船舶,恨不得一脚将对方踢出长江航线。

抗日战争期间,长江一线几乎看不到那些悬挂外旗的船舶了。1943 年 1 月 11 日,中国又与英、美两国签订新约,废止了两国一百年来不平等条约所取得的权益。长江航线上,如果没有中国政府的许可,外籍船舶便不得驶入经营。

北洋航线:19 世纪 60 年代到 70 年代初,在北洋航线营运的外籍航运企业主要有旗昌公司、惇裕洋行代理的轮船公司、惇华洋行代理的轮船公司、怡和洋行代理的轮船公司。他们当中,旗昌实力最强,竞争手段也最多。如 1868 年,惇华洋行将天龙号、卡尔号转入申津线营运。为了招徕生意,将运价由原来的每吨 10 两白银降到 8 两。他的做法立刻激怒了旗昌,旗昌联合惇裕,将杂货的运价每吨降到 4 两。不到两个月的时间,惇华便退出了北洋航线。1869 年,怡和加入北洋航线营运后,旗昌又联合北清(惇裕改组后的名称)共同压价,迫使怡和退出。结果,北清被拖垮,怡和站稳了脚跟。

甲午战争后到第一次世界大战后,在北洋航线上争锋的外籍航运企业,仅剩英、日两国了。一战后,申津一线的外籍船舶,太古有船 3 艘,怡和 3 艘,日清 2 艘。在华北 6 埠之间的短途航线上,有日商大连、大阪、近海、东兴4家轮船公司。

抗日战争期间,日本完全垄断了北洋航线。

南洋航线:19世纪60~70年代,经营这条航线的外籍航运企业主要有英国的怡和、太古、宝顺、吠礼查、仁记,美国的旗昌、同孚,德国的禅臣、惇裕。

甲午战争到第一次世界大战结束,该线主要在英日间进行竞争,其中英国的实力最强。

抗日战争初期,行驶在这条航线上的外籍轮船主要是英国的太古和怡和两大公司的船舶。

远洋航线:远洋航线素来是各国争夺的焦点。谁控制了远洋运输,谁就主宰了世界的贸易。同样,谁控制了中国的远洋运输,谁就在对华贸易中独占鳌头。第一次世界大战后,各国加紧了垄断中国远洋航线的步伐。

日本采取三"M"政策。以满洲(Manchou)、福建(Min)和马里亚纳群岛(Marianal)为据点,实行调派新船投入这条航线的营运,不惜血本降低运价,淘汰旧船,实行大同盟,统一对外。

英美联合起来,共同对付咄咄逼人的日本。英国率先实行三"S"政策。什么是三"S"政策呢?就是以苏伊士运河为起点(Suez),新加坡(Singapore)为中枢,上海(Shanghai)为终点的航线经营政策。美国随后实行了三"A"政策,即以美国(America)为起点,阿拉斯加(Alaska)为中枢,亚洲(Asia)为终点的航线经营的政策。

三方竞争谁也不让步,谁也没垮掉,于是出现了三方共霸中国远洋航线的局面。

在各国航运殖民者竞相在华设立航运企业，争夺在华航运利益的同时，各国为了确保本国的企业在竞争中一枝独秀，相应地制定了许多保护和发展本国航运业的优惠政策和措施。日本堪称其最，如航海奖励金、造船奖励金、邮政补助金、定期航线补助金，甚至航行中国南洋航线的船舶都有补助。除了经济的支助之外，政府还直接干预，如将"大阪"、"日邮"、"湖南"、"大东"合并为"日清汽船株式会社"就是一例。

这些在华的外国航运企业，像插在中国身上的吸血管，养肥了他们自己，摧残了灾难深重的中国。20世纪30年代，西方一些经济学家称航海运输为"水上殖民"。诚如斯言，据1934年统计，68家外国航运公司在华所得的运费收入高达21亿两白银，中国只有7亿两。另据《英国在华企业及其利润》一书揭露：1934～1938年的5年中，外国航业的利润为：纯利平均每年为资本的12.7%；股息红利为资本的8.7%。5年尚且获得如此厚利，如果从整整一个世纪计算，外国航业掠夺中国财富之巨，确实触目惊心！

十二 "无可奈何花落去"的近代帆船航运业

鸦片战争（1840年）前，或者上溯千年间，在中国沿江、沿海乃至更远的外洋水域，经常可以看到那些云帆高挂、百船竞发的中国帆船队。

鸦片战争后，短短的几十年间，活跃在上述水域的是那些悬挂各种颜色小旗的外国船舶了。

这种骤然变化的原因是什么？中国帆航业究竟命向何方？

下面将一一回答这些问题。

1 19世纪前期的中国帆航业

要知道一项拥有悠久辉煌历史的事业，弹指间灰飞烟灭的情况，必先清楚她衰亡前夕的概况，只有这样，才能深知其衰亡的原因。

那么，中国帆航业在衰亡前夕的概况如何呢？

19世纪前期，在中国沿海及远洋航行的中国船舶主要有沙船、鸟船、广船、蛋船。

沙船是北洋（以长江入海口为界，以北的海域泛指北洋，以南则为南洋）航运的主要交通工具。中国北洋多碛，水浅礁硬，需用吃水浅、船底阔的船舶航行，而沙船正具备了这一特点，因而惯行于北洋航线。沙船的南北货源充沛，北运棉花，南贩粮。到鸦片战争前夕，广集上海埠的沙船已达3000~3600艘左右，在船水手十余万人。沙船大号者可载3000担，合180吨，小号1500~1600担，合90吨。整个沙船队的运输能力在30万~40万吨之间。

在南洋航行的船舶主要有鸟船、广船、蛋船。

那么，什么是鸟船呢？鸟船就是闽、广沿海常见的"艚船"的俗称。因为这种海船底尖，首尾上翘，形状像鸟，所以通常称它为鸟船。

什么是广船呢？广船其实就是鸟船。只不过它比福建的鸟船要大。因其航行海域基本在广东，所以又有广船之称。

蛋船又称三不像船，主要是这种船的船壳形似鸡蛋，构造又特别，介于艚船与沙船之间，所以才有蛋船或者三不像船的别称。

这些船底圆面高，下有大木三段贴于船底，名曰龙骨，行驶在山礁丛杂的海上，转弯趋避较为灵活。而南洋沿岸多岛屿礁石，水深浪大，所以，航行南洋的船舶主要是这些船舶。

这些船承运的货物一般是北运的糖、染料、药品、苏木、松子、海参、鱼翅、木材、竹子、茶叶、橘子；南运的有棉花、陶器、瓷器、茶叶、生丝以及部分北线转口的货物。

据粗略估计，在1796～1850年间中国沿海帆船约有5800多艘，载重总量在68万吨左右。

远洋航行的中国帆船，到19世纪20年代，基本活动在南洋（泛指东南亚各国）、东洋（主要指日本）一带。参加营运的船舶有两种，一种是大陆中国人所有，并在大陆制造；另一种是当地华侨所有并由华侨经营。暹罗（今泰国）盛产优质木材，也是华侨制造船舶的主要基地。当地人非常喜爱中国人制造的帆船，就连拉玛三世在西式夹板船东来的情况下，还唯恐中国式的帆船从此绝迹，因而特在乌肚社的岩瓦寺塑造了一具中国帆船模型以代寺院宝塔。

据统计，在1830年左右，中国与南洋各国贸易船只总数为315艘，总吨位在7万到8万吨之间。

总的说来，在鸦片战争前夕，无论是中国沿海，还是远洋海域，中国帆船依然是那么活跃，甚至独领风骚。

鸦片战争之后，南洋、东洋海域几乎看不到中国商船队的帆影了，就连中国沿海的帆船也如秋叶般日渐凋零，由此，我们可不可以说是鸦片战争毁灭了中国的帆航业呢？结论下的还不能太早，让我们具体看一看中国的帆航业到底是怎么衰落吧。

2 中国远洋帆航业衰落的因素

中国远洋帆航业衰落的因素，我们很难用一点或两点来加以界定。我们必须像解剖病麻雀一样,细细地找出其中的病因。

第一,是远洋的航海技术。清代远洋的航海技术主要包括计时、测速和计程等内容。计时一般采用传统的办法,即焚香一炷为一更,部分采用沙漏为计时器。

测速采用木片测量法。办法是把一块木片自船头放到海中,人跑到船尾时,木片同时到达,为"正更",或"合更"。一更为60里(这是通常说法)。人已跑到,而木片仅漂至中点,为不及更或"不上更",速度仅为正常的一半。人若只跑一半,而木片已到船尾,称过更。速度为正常的一倍。这种既含测速又包计程的木片测量法,在远洋航行中很盛行。

除此之外,在航线选择上,采用传统的沿岸逐段航行法。在天文定向上采用指南针或以星位来判断。

第二,在船舶的制造技术上,清政府严格限定出洋帆船只许用双桅,梁头不得过一丈八尺,如福建省建造舼仔头的船舶,桅高篷大,利于走风,清政府便认为:"未便任其置造,以致偷漏,永行禁止,以重海防。"船上更不准配备武器。

同期,欧洲的远洋船队,无论是本国的航海政策,还是船舶建造技术、航海技术方面,均已超过中国而领导世界的远洋运输了。

如英国奖励造大船,按吨位给予补贴,允许外国船匠定居英国;禁止出卖坚强能作战的英船与外人,严惩遇外船不战而降的船长,因而英国的船舶拥有量迅速增加。1770年为70万吨,1792年已达154万吨了。

欧洲船建造一般为双层板，船舷、船底俱用铜板镶钉。船上逐渐采用机械装置，如利用抽水机排除舱底积水，用舵轮操作舵盘。

欧洲船的桅杆用三节接驾而成，每一节桅上挂着无数幅横向布帆，快捷无比。如在 19 世纪 30～40 年代，中国至东南亚的航线上，中国船一年之中只能作来回一趟航行，美国船却能作三趟航行。

欧洲船大多配置武器，大船炮位多达 72 门，次船也有 50～60 门。

欧洲人采用的航海图上，标有经纬度，利用三角原理测定船舶位置。

第三，航海的宗教习俗。中国是多神崇拜的国家，反映在远洋活动中也不例外。如船舶建造时要举行隆重的"安𩩅"（安龙骨）祭祀；维修时要献三牲于海神；新船下水时要请僧侣来主持仪式，船上摆放各种供品，人们在祈祷时还手摇一种小铃；船舶起程时，便燃起信香，一路上香火不断，船舶抵达目的地时，还要将新制的神像带下船，以换取以前放在当地庙宇里的旧神像。

航海者对神灵的迷信和崇拜，虽说代代相传，沿袭而致。但毕竟是生产力低下和科学不发达的集中体现。

第四，经营方式。清代远洋贸易主要有以下几种方式：

其一是自船自营型的。船主不仅拥有船舶，而且置货亲自出洋，实现贸易和运输一条龙。

其二是委托经营型的。一些富商大贾、身份显贵的人，往往是船舶的所有者和最大的投资方。但他们一般不亲自出洋经营，而是雇请船主代为经营。船主多为投资者的亲戚或亲信。在福建则以船只所有者或是投资最大者的养子来充任。《厦门志》的风俗记载说："闽人多养子，即有子者亦抱养数子，长则令其贩洋。"

其三是租赁经营型。远洋贸易中不常见。

其四是合伙经营型。这是远洋贸易中常见的一种经营方式。因为建造一艘远洋船舶，要花费一笔很大的资金，个人往往力不从心，所以几人合伙投资、造船。船舶也大多以金字为号。如1832年，为在上海兴建泉漳会馆而捐资的商船名单上，7艘远洋船全部是金字号的。他们是"金恒发洋船"、"金永安洋船"、"金庆春洋船"、"金兴源洋船"、"金永庆洋船"、"金庆顺洋船"、"金荣发洋船"。

远洋船的船主与所有船中工作人员的关系不仅是劳资雇佣关系，同时又是个体合作的关系。为什么这么说呢？让我们以一艘中型帆船为例来说明。一船之主一般不领薪金，只在来往航程中留有一百担的吨位装载自己的货物，同时还可以收用客舱搭客费用，另外在全船货物贸易中抽收佣金约计百分之十左右。火长（相当于今天意义上的船长，掌船中更漏及驶船针路）在每一航程中领工资银币二百元，自载货物五十担；财副（司货物，钱财等财目）工资一百元，自载货物五十担。其他人员无工资，但可以使用一定的吨位装载货物。大致舵工十五担，碇工九担，水手七担。这种雇佣兼合作的方式，使得帆船在海洋上的安危以及贸易的好坏与每个人的利害都有关。船上一切均快捷、安静、和谐。但有一点，就是无法很快地积累资本来进一步推动帆航业的发展。

通过以上的叙述，我们不难看出，中国远洋船队，无论在航海技术、船舶制造、组织经营乃至宗教信仰上，都落伍于时代，同时又内受清政府的限制，外受欧式帆船的强有力的竞争，即使没有鸦片战争的直接撞击，也会在蜗牛式的发展速度下被时代的潮流所吞没。鸦片战争的直接撞击，迅速地结束了她曾辉煌的命运。

3 中国沿海帆航业的衰落

1840 年，鸦片战争的烽火，在中国沿海燃起。英国殖民者挟其坚船利炮，叩开了中国"闭关锁国"的大门，迫使清政府签订了丧权辱国的条约。

1842 年，中英签订《南京条约》，腐败没落的清政府被迫开放广州、厦门、福州、宁波、上海五口为通商口岸。接着，西方殖民者接踵而来，1844 年，中美《望厦条约》与中法《黄埔条约》签订，规定"其五口船只装载货物，或相互往来，或往返外洋各口，均听其便"。于是，沿海航行权渐入外人之手。第二次鸦片战争后，帝国主义航运势力染指长江这条"黄金水道"，迫使清廷在《长江各口通商暂行章程》中规定,"各口商船准在沿江通商口岸镇江、南京、芜湖、九江、汉口、沙市、宜昌、重庆往来贸易"。至此,内河航行权亦告丧失。

伴随沿海与内河航行权的丧失,西方帝国主义国家的船舶大量涌入中国水域。以广州为例,1844年至1849年几年间,经黄埔港到广州贸易的外商船共计1672艘,总吨数达733125吨。这一航运动态的剧变,势必影响中国木帆船在沿海的运输业务。诚如《申报》所说:"自通商以后,夹板船兴,而沙卫等船减色矣;火轮船兴,而沙卫等船更失业矣。"《字林西报》也说:"自西人通商后,夹板行而沙船之利夺;自轮船行而沙船之利益夺。时至于今,如前赫赫有名之船号,故者无存,新者无起,稍有资本者,欲放转机,依旧放掉,而年年亏折。终归于尽。"在1821年至1850年,上海尚有沙船3500余艘,1851年到1861年锐减为1400余艘,比及1862年至1874年,只剩下400余艘了。19世纪60年代末,随着苏伊士运河的通航,来华贸易的外国商船数量扶摇直上。据统计,1872年至1882年这十年间,进出中国港口的外船艘次,从3920艘次增至5461艘次,而船舶载运吨位则从1889万吨增至3964万吨。在这些外国船舶大量入侵的同时,一大批海盗式的"无赖冒险家"也在中国粉墨登场,直接打击并摧毁了中国的木帆航运实力。他们把往来通商的权益变成了欺诈和逞凶的手段,只要有利可图,就是行凶杀人也在所不惜;他们习惯性地攻击贸易沙船和帝国沙船,屠杀船上的人们,并袭击村落,对未设防的居民进行各种各样的强暴和勒索。如1860年，沿海地方官薛焕、王明向朝廷奏报："据北回沙船报告，四月二十二、三等日，在山东成山头以北洋面，有北驶夷船三十余只……沿途抢掠沙船三十余只，卫船四十余只，将货物抛弃入海，砍去船桅，每二只联为一处，带赴北驶。"另一则奏报说："十三日见有火轮船一只带来被劫商船十一，十四日有大火轮船一只带来被劫宁船一只，卫船、沙船各一只。被劫上海船户于初九、初十、十二等日，由江苏领运漕米……行至山东洋面被劫。山东船户由江苏领运漕米，行至威海成山岛被劫。江苏沙船由上海装载货物，行至岑山洋面被劫。天津卫船由山东贩卖豆石完竣欲赴牛庄装载，行至外洋被夷船抢劫银二千一百两。"

西方殖民者一方面在海上大肆劫掠，击沉中国商船，另一方面又以"和平使者"的伪善面目出现，硬要中国商船"请"他们"护航"。他们勾结了一些海盗船。成立了一些既作海盗，又作"保镖"的"护航"组织，活跃于从广东到长江一带的中国沿海水域。凡是接受"护航"的，便被强行索取大量的"护航费"。如清道光三十年（1850年）何冠英奏报："近日洋盗充斥，水师望风先逃，行旅往往失事，该责夷人性本嗜利，又欲笼络人心，遂向商船每只索洋银三百圆，代其护送至浙江宁波，由浙近闽，应复如是。"据马士在《中华帝国对外关系史》中统计，此类"护航费"相当可观，一年可从渔船征收5万元，从运木船和福州贸易船征收20万元，从其他船只征收50余万元。

在海盗式"护航"之后，英、美列强又以海军为后盾，改用挂旗方式对中国商船予以"护航"。挂旗期间，华船暂作"洋船"，并交纳巨额的"护航费"，同时又可直接控制中国商船，可谓一举两得，比原来船队"护航"更加合算。英、美此例一开，其他西方列强群起效尤。从此，劫后余存的中国商船，就成为帝国主义的附庸而一蹶不振了。

鸦片战争之后，西方资本主义国家强迫清政府大幅度降低关税、内地贸易税与船钞，从经济上直接剥夺了中国政府的航业保护权。在关税方面，据1843年第一次"协定税则"，将进口税率由鸦片战争前的16%锐减为5%左右，降低幅度高达53%～79%。1858年第二次"协定关税"，又规定了值百抽五的原则，比1843年的主要贸易进口税率，又降低了13%～65%。在内地贸易税方面，1858年中英《天津条约》规定"免各子口征收纷繁，则准照行此一次之课。……所征若干，综算货价为率，每百两征银二两五钱"。在船钞方面，1858年中英《天津条约》也规定外国船舶"凡在一百五十吨以上者，每吨纳银四钱；不及一百五十吨者，每吨纳钞银一钱"。这样一来，外国商船来华贸易只需缴纳5%的关税，2.5%的子口税与极微的船钞，即可纵横中国水域，运遍天下。而中国船舶则一切按原税则缴纳，抽厘数成，而且层层设卡，处处抽厘，任意增加，徒令贸易为洋商所夺。这对中国木帆船航运业的生存构成了巨大的威胁，使之在中西航运竞争中完全陷于劣势，正如马克思在19世纪50年代就此深刻指出的那样："中国的进口税是全世界最低的，再加上中国海关没有主动调整税率的自由，洋货内地税又不能增加，中国海关从此失去了保护本国工农业生产的作用，开始变成便利推销外货和外国资本主义掠夺中国原料的工具。"

与此同时，外国来华商船日趋轮船机动化，这种物质技术上的优越性，也对中国老式的木帆船运输带来了打击。如沈葆桢在1872年4月曾说："沙船自沪达津以月计，轮船自沪达津以日计。"外国轮船的快速安全、准时等优点，是中国木帆船难与匹敌的。再加上运费低廉，有武装保护和保险制度，所以，一般货主便舍弃木帆船而对轮船趋之若鹜了。

外船对中国木船在竞争中的经济与技术优势以及对货源的掠夺，加速了木帆船的衰落步伐。英人赫德在由外人管理的中国海关组织的《备忘录》中曾说，外国船只的出现，"其最明显的效果却是夺取了中国帆船的运输"。1861年，清政府勾结西方列强镇压太平天国运动，暂开北方豆禁，允许洋商船只装运南下，这对大部分中国商船赖以生存的豆石运输是致命一击的。李鸿章说："自同治元年，暂开豆禁，夹板洋船直赴牛庄等处装运豆石。两载以来，沙船资本，亏折殆尽，富者变为赤贫。……停泊在港船只，不计其数，船身朽坏，行驶维艰，业船者无可谋生，其在船耆舵水手十余万人不能存活。"左宗棠也说："自洋船准载北货行销各口，北地货价腾贵。江浙大商以海船为业者，往北置货，价本愈增，比及南回，贵重行迟，不能减价以敌洋商。日久消耗愈甚,不惟亏折资本,寝至歇其旧业。"这样,以豆石运输为生的广大船户,就逐渐凋零。至此,中国传统的木帆船航业在列强的迫害、打击、排挤、竞争下,无可奈何地退出了航运舞台。

从沿海各口考察,中国木帆船衰落程度殊为瞩目。例如,牛庄在未开放之前,每年尚有3000余艘木帆船抵港,但自开放以后,即减为1300艘,天津:自"通商以来,轮船盛行,卫船无利可获,亏折消耗,失业孔多,综计其数,不及从前十分之三";上海:1846年开到上海港的船只——北洋船、福建船、广东船,以及长江及其支流的船只计有7000余艘。但仅在三年之后,停泊在上海一线的沙船就只有1000余艘了。而在16年之后,随着北方豆禁开放,沙船即无货贩卖,停泊在港者数以千计,不上几年,数千只沙船,尽行歇业。至70年代,仅剩二三百只。到了19世纪末,剩下竟不足50艘。曾有数百年鼎盛历史的沙船航运业,在鸦片战争后的短短几十年便衰退为历史陈迹。福州、厦门:因其属最早的通商口岸之列,故其帆航业的衰落也最为瞩目。据《厦门志》载:闽台间的横洋船(专驶福建、台湾一线,输运兵粮),盛时不少于千只,通商后减至仅四五十只。英国驻福州的领事也说:可以肯定地说,外国轮船,特别是英国轮船,正在逐渐而稳步地垄断着沿海航运。往日用帆船由本埠运往其他口岸的货物,已经有三分之一改由英国轮船装运。然而,事实要比英领事说的更为严酷:1861年,福州口有本地商船 59 只，到 1886 年，仅存 25 只，厦门口原有 40 只，到 1866 年，减为 17 只。

中国帆船航业的衰落正如 20 世纪初哈特在《来自中国》一书中所说的那样：五十年前经营牛庄和华南各埠沿海航运的中国帆船，已摧毁殆尽，大部分的华南贸易也同样转由外国船只载运。扬子江上不断增长的国内贸易也正在吸引着越来越多的外国轮船。……过去的中国船业资本家现在变成了乞丐，而他们所雇的船夫，则痛恨他们的政府允许外国人参与国内贸易和外国人夺取他们的生计。

具有千年历史的帆航业，就这么衰落了。衰落后的木帆船就如百足之虫，死而不僵。在轮船难以驶达的地方，或轮船不屑承运的货种上，仍有帆船得以残存的条件，只不过江河大海，已不再是其扬帆远航的舞台了。

十三 走过沧桑路，难航近代船
——近代招商局史话

招商局，这个令近代中外航运业兴奋与不安、激动与嫉恨、惆怅与无奈的名字，连同她辉煌、艰辛的业绩，已尘封为历史。

但人们没有忘记她辉煌、艰辛的历史，招商局史话，将她的历史扉页缓缓地揭开……

1. "洋务运动"的产儿

19世纪60年代，中国传统的帆航业基本上退出航运舞台，外国在华设立的航运企业渐有垄断航运市场之态。中国民间的商人和洋务派中一些有识之士，纷纷主张开办新式航业、创设新式造船厂。民间商人以容闳、赵立诚、吴南记为代表，先后向清政府申禀创办轮船企业。如1867年，容闳拟定《联设新轮船公司章程》；1868年，赵立诚向曾国藩递呈关于兴办轮船的禀帖；1868年，吴南记向曾国藩申请集资购办轮船试办漕运，这些建议及申请，尽管没有成功，但新式轮航业的观念,却渐为人知。洋务派以左宗棠为代表,在1866年6月正式向清廷奏请设立福州船政局。左宗棠认为:轮船成则漕政兴,军政举,商民之困纾,海关之税旺,一时之费,数世之利。1866年7月,清廷指批准了他的奏请,福州船政局正式创立。

进入70年代后,中西交通格局发生了根本性的转变,1869年11月17日,沟通欧亚两大洲的苏伊士运河正式通航,使中西海上交通的航程由原来的120天缩减为55~60天。1871年6月3日,欧洲与香港、上海的海底电缆接通。从此,驶往中国的轮船与日俱增,轮船逐步代替帆船成为中西贸易的主要运输工具。而轮船快速、准时、安全的优越性能已深为人知。如船政大臣沈葆桢在1872年4月曾说:沙船自沪达津以月计,轮船自沪达津以日计。

尽管如此,中国仍无一家以轮船为主要运输工具的航运公司。并且清政府中的顽固派,仍然坚决反对在中国创办新式航运业。1871年,内阁学士宋晋奏请裁撤江南制造局与福州船政局(简称沪厂、闽厂)。这一奏议,引起了顽固派与洋务派关于中国航运业前途的大辩论。以曾国藩、李鸿章、沈葆桢、左宗棠为首的洋务派,坚决反对裁撤二厂,其中李鸿章对顽固派的抨击尤烈,李鸿章认为:国家诸费皆可省,唯养兵设防、练习枪炮、制造兵轮船之费万不可省。由于洋务派坚决反对裁撤二厂,清政府的总理衙门在1872年奏准清廷:船政不应停止,应由李鸿章、沈葆桢妥筹办理。

这场辩论，以洋务派的胜利而告一段落。同时，轮船招商也被认为是中国轮业发展的基本途径。在李鸿章殚思极虑的筹划下，总理衙门在1872年6月17日批准了李鸿章等组招商局的计划。

大局已完，由谁来出面主持创办招商局呢？李鸿章几经察访，终于认定朱其昂堪当此任。朱其昂原系以沙船为世业的淞沪巨商，他熟知轮船事宜，并与清美洋行买办李振玉、旗昌轮船公司总买办陈竹坪过从甚密，是在航运界颇具影响的人物。朱其昂确也不负李鸿章重望，在1872年8月，便初拟出了《轮船招商局节略并各项章程》。之后又提出局轮应悬挂三角龙旗和双鱼旗，局之印章应为"总办轮船招商公局关防"，接着，又在上海洋泾浜南永街租赁房屋一所，以备开局之用。

为了尽快筹集股金和减轻招商局初创阶段的各种压力，朱其昂建议招商局应为官督商办式企业，李鸿章大表赞同并向清廷力陈招商局创办的目的主要在于解决漕运困难和挽回部分利权。同时又明确了招商局的管理体制为：由官总其大纲，察其利病，而听该商董等自立条议。换句话说就是官督商办。总理衙门对此也深表赞同并奏准朝廷。清廷也批准了李鸿章在1872年12月23日所奏呈的《试办招商轮船折》。

为了尽快开业，招商局开始向外商购买轮船。1872年11月，购进大英轮船公司"伊敦"号轮船，后又经惇信洋行之手从利物浦购进"代勃来开"号轮船，改名为"永清"号。经德商之手，购进"利运"

号轮船。又经惇信洋行之手购进"其波利克有利"号轮船,改名"福星"。

在所有筹备工作基本就绪后,招商局呈报官厅,决定于1873年1月17日正式开局。局址便设在洋泾浜永安街。中国新式轮运业的桅杆终于露出了地平线。

招商局早期的经营

招商局开业仅半年,朱其昂便感独木难支,李鸿章也审时度势,积极地延揽了唐廷枢、徐润等入局主事,并于1873年5月,对招商局进行了重大改组,更局名为轮船招商总局。局方主管人员改称"商总"、"商董",将总局迁入在英租界内怡盛洋行的旧房。

改组后的招商局由唐廷枢主持大局,并又延揽了张鸿禄、郑观应等入局。一时间,招商局成了买办商人的云集地。在唐廷枢等人的主持下,招商局早期的经营呈现了蒸蒸日上的局面。

首先,开辟航线。招商局正式开张之前,就派"伊敦"号轮船行驶上海—汕头航线。接着派"永清"号行驶北洋航线。以后又派附局轮船"永宁"号从上海开往镇江、九江、汉口。到1883年,招商局共开辟沪汕线、沪津线、沪烟(台)津牛(庄)线、沪汉线、沪汕港(香港)广(广州)线、沪甬线、汉宣线、沪闽线、沪温线、汕厦线、香港海口线、广东新河线等12条国内线。

招商局除经营长江及沿海航线外,同时积极开辟远洋航线。1873年，唐廷枢委派商董陈树棠前往日本筹备货运业务，同年8月初，"伊敦"号正式开航神户、长崎，并获成功，这是中国商轮首次开辟国外航线。1879年招商局在新加坡和暹罗设立分局，同年10月，派"和众"试航檀香山。1880年7月20日，"和众"轮再驶檀香山，局董唐廷庚（唐廷枢之胞弟）随行，8月15日抵檀香山，8月30日抵旧金山。

对于悬挂三角龙旗和双鱼旗华轮的到来，西人殊为嫉恨。如"和众"轮驶抵旧金山时，当地海关官员"执意重征船钞"，加征10%的船钞并处以每吨一元的罚款，还强行规定，凡侨居旧金山的华商华工如果搭乘招商局轮船回国，便不准再来该埠。对此，郑观应曾悲愤地说：我之待西人如此其厚，彼之待华人如此其薄，天理何存！人心何在！后随经唐廷枢及中国驻美公使陈兰彬据理力争，美外交部才同意将多收的税款退回，但从此以后，中国商轮便停止了该线的航行。

其次，与外资航运企业的抗衡与妥协。招商局在开辟国内外各种航线的同时，重点经营国内的江海航线，尤其是有黄金水道之称的长江内河航线。这便打破了外商尤其是美国的旗昌公司，英国的太古、怡和公司一统中国江海航运市场天下的局面。也因此招致了三家的嫉恨和合力的倾轧。如招商局派轮行驶长江，竟被其视为既向旗昌轮船公司挑战，也向太古轮船公司挑战，这两家昔日的竞争对手竟握手言和，确立了真正的合作办法，矛头完全对准招商局这个不可轻视的对手。还在招商局行轮长江前，旗昌便将上海至汉口、九江的货运价每吨减半 2.5 两，上海至镇江货运价每吨减半为 1.5 两。事先遏止招商局在长江的发展。

招商局成立一年后，旗昌、太古、怡和三家又联合议事，宣称长江航线"不许别公司同行"。同时，在南北沿海航线，大幅降低运价，如 1875 年，沪甬线由 2.5 元减至 0.5 元，沪津线由 8 两减至 5 两，沪闽粤线由 2 元减至 1 元。他们企图以此扼杀招商局。

结果，招商局非但未夭折，反倒羽翼渐丰起来。到 1876 年，招商局资本总额（包括股本、官款及借款）达到了 3964288 两，船舶总吨位达到 11854 吨，船舶拥有量 16 艘，实力仅次于旗昌轮船公司。

倒霉的是旗昌。如此不惜工本地挤压招商局，使其营业利润大幅下滑：1871 年为 94 万两，1872 年为 52.4 万两，1873 年 10.6 万两；股票的股值一再跌落：70 年代初，每百两发行股涨值为白银 140～150 两，甚至 200 两，1875 年 8 月，每百两发行股已跌至 60 两左右。

到 1876 年，旗昌公司老板深感已无力与太古、招商相抗衡，遂有出售旗昌产业，回国投资的打算（美内战结束，重掀国内投资热潮），于是派人与招商局商洽，希望招商局购买旗昌在华的产业。招商局经过缜密研究和得官方大力支持后，在 1877 年 2 月 12 日，与旗昌正式签订了购买其产业的合同，3 月 1 日，旗昌产业正式换旗过户，转归招商局所有。当时舆论热情欢呼道：从此中国涉江浮海之火船，半皆招商局旗帜。

招商局购得旗昌之后，太古、怡和更把招商局视为眼中钉，必欲剡之而后快。挟其雄厚财力为后盾，乘招商局购买旗昌财政窘迫之际，重掀竞争之狂潮。招商局面对挑战，并未屈服，而是太古盛怒而减（降低运价），我亦乐得随之而减。

在长期的竞斗中，招商局得到官方的大力支持：多次拨借官款，充实商本，增强实力，并给以"分年还本，缓缴利息"的优待；给予运漕和其他特权，使商局营业有保障。每年拨交江浙漕米二三十万担由沪运津，不许外商染指，并给招商局以承运其他官物的特权，规定"嗣后沿江沿海各省遇有官物应需轮船装运者，统归局船照章承运"；准许招商局轮船在沿江、沿海及内河不通商口岸自行贸易；给予免费使用官方轮船以及开辟航线上的便利。

招商局在官方的大力支持和全局上下艰苦努力下，在航运界站住了脚跟。但在收购旗昌产业后将近一年的时间里，由于同太古、怡和的拼力相争，使得商局处于"欠项累累"、"支柱万难"的处境；同样，太古也"受累甚重"，"亏太多"，认为"争衡无益"。于是双方在1877年12月26日达成协议，正式签订了中外航业之间第一个为期3年的齐价合同。所谓齐价合同，就是各航运公司按同一运价标准收取运费而订立的合同。19世纪后期，招商与太古、怡和总计三次订立齐价合同。第一次是1878~1880年，定期3年，期满又竞争了3年；第二次是1884~1889年，定期6年，期满又竞争3年；第三次是1893~1898年，定期5年。其后合同期满，继续签订，直到20世纪初。

三次齐价合同，对签约双方带来明显的好处：招商局在第一次合同之后，运费收入净增 70 万两。第二次之后，运费收入回升至 192 万余两。第三次之后，更回升至 216 万两；太古在签约的 17 年间，所经营的轮船，从原有的 8 艘增至 29 艘，净吨位从 6893 吨增至 34543 吨；怡和的轮船也从 9 艘增至 22 艘，净吨位从 5191 吨增至 23953 吨。

3 招商局体制的演变

招商局初创告捷，业务蒸蒸日上，但使李鸿章如鲠在喉的是唐廷枢等主持下的招商局，完全背离了他"官督商办"的初衷。如此发展下去，势难加以控制，于是，他便以各种理由，先后将唐廷枢、徐润、张鸿禄、郑观应调离招商局，同时委派自己的亲信入局主事，招商局再次改组。1885 年正式上任为招商局督办的盛宣怀承李鸿章的意旨，提出用人、理财章程各十条，声称"非商办不能谋其利，非官督不能察其弊"。

1895 年甲午海战后，李鸿章调任两广总督，直隶总督由王文韶继任，循例掌管招商局大权。盛宣怀为谋求独断招商局大权，乘机在 1896 年提出将招商局改为商办，王文韶予以坚决反对。

1901 年，袁世凯接掌直隶总督兼北洋大臣后，千方百计谋求盛宣怀长期把持的招商局。终于在 1903 年，在袁世凯的干预下，成功地改组了招商局，大权落入袁世凯之手。官督商办体制更趋牢固。对此，股商深为不满，认为：股商无权，官享其成，不利商战。郑观应说："官督商办者既有委员监督，而用人之权操自督办，股东不能过问，不能与泰西竞争于世界舞台，此中国所以日居退败也。"但是，商股的反对，对官府而言，无异于螳臂当车，根本扭转不了官督商办车轮的迈进。1905 年的商办隶部以及 1911 年的改良，均未超脱官督商办的窠臼。

辛亥革命后，盛宣怀东逃日本，清政府派驻招商局的人员相继离局，官督商办开始解体。一些董事值此多事之秋，全然不顾商局前途命运，竟然纷纷登报辞职，使得招商局处于无船、无钱、无货的境地。股东们痛心疾首，纷纷呼吁尽快召开股东大会，选举新的董事会，以挽招商局将倾之命运。终于，在辛亥革命后临时政府的大力支持下，在时任临时政府司法部长伍廷芳的主持下，招商局第二届股东常会于 1912 年 3 月在上海张园召开。会议选举产生了新的董事会，并将招商局改称为"商办招商轮船有限公司"。从此，招商局进入了商办时期。

商办时期的招商局进行了一系列重大改革：1913 年 6 月 22 日召开的股东常务大会决定，仿效日本航业改组管理体制。首先，确立董事会会长负责制；其次，修正董事会会议规则；再次，规定董事会工作程序。1914 年 2 月 16 日，招商局在上海召开股东特别会议，讨论核定资产额问题。同时，大会决定，实行航、产分管，正式成立积余产业公司。

到了 1927 年北伐军进抵上海后，国民党中央执行委员会第 15 次会议通过决议，成立了"清查整理招商局委员会"。经过半年的清查工作，国民党政府决定成立"招商局监督办公处"，设立监督、总办各一人，以王伯群为监督，赵铁桥为总办。此举招致董事会全体董事反对，1928 年 1 月，监督处下令将全体董事停职查办。并将董事会改为总管理处，赵铁桥为总办。赵铁桥上任后，锐意改革，但不幸于 1930 年 7 月 24 日被暗杀在招商局大门前。

1932 年 10 月，国民政府在经过了对招商局"官督整理"后，由行政院明令将招商局收归国营，并于 11 月 15 日由国民党政府正式颁布招商收归"国营"令。至此，招商局又进入了国营时期。

不管招商局是在"官督商办"时期，还是"商办"、"官督整理"时期，其管理之混乱、经营之萎缩，莫不令人扼腕叹息。

首先，贪污成风。招商局当权者大都父死子继，世袭罔替。上下勾结，舞弊成风，营业收入饱入私囊。如 1910 年汉口一股东即已指出，"招商局腐败极点。买煤有弊，揽载水脚短报有弊，轮船栈房出入客货有弊，用物有弊，修码头不开标有弊，分局上下浮开有弊，种种弊端不胜枚举"。轰动一时的招商局三人贪污案——汉口分局施紫卿父子舞弊案；天津分局麦左之父子舞弊案以及积余产业公司舞弊案，真实地反映了招商局营私舞弊、封建掠夺的严重性。即使在国民党政府代管时期，也曾发生了轰动全国的贪污大案——交通部次长兼招商局监督处监督陈孚木伙同招商局董事会会长兼总经理李国杰,在与美商签订购买新船借款合同中索取70万两回佣酬金。这一宗大案,集中反映了新旧官僚狼狈为奸,侵蚀招商局的事实。

其次,滥用洋雇员。招商局在特定的历史环境下,雇用少量的外籍人员,这本无可厚非。但招商局从开业起到1933年刘鸿生(著名实业家)改革局务止的60年来,高级船员几乎为洋员所担任。以1908年为例,招商局从船长到四车共179人当中,只有4名担任二车、三车的中国人。

这些外籍雇员工薪很高,"一个西人,须抵十余名华员之薪工而有余"。1898年洋人薪金共支出51万余两,约占招商局本年度全部工薪开支的四分之一。

这些外籍船员中,不少人玩忽职守,酗酒误事,海损事故频繁。1875年至1884年10年间发生的恶性海损事件7起,除气候原因外,大抵是指挥紊乱,洋员违章操作所造成的。再如1918年普济与新丰两轮互撞,普济轮船长竟不拉铃通知机舱,该轮未及时停止,因而造成巨大损失。

最后,船舶陈旧超龄。船舶更新换代、船队结构合理,是企业管理的重要内容。但招商局的主管人员尤其是商办时期的主管人员,根本无心于企业经营,把主要精力投入权力之争、派系之争上,船舶老化超龄便成了必然的结果。以1929年为例,该年度招商局共有25艘轮船投入营运。其中船龄在50年以上的1艘,40年以上的4艘,30年以上的7艘,20年以上的8艘,10年以上的1艘,10年以内的4艘。如此超龄之船舶，其营运效果可想而知。

　　写到这里，招商局的故事算是告一段落。有的读者也许会问：抗日战争时期的招商局是怎样的呢？抗战胜利后招商局又是怎样的呢？她的结局到底如何呢？这些问题，将会在另一篇讲述招商局故事的文章中找到答案。

十四 "功过是非难相抵"的战时招商局

当抗日的烽火燃遍中国大地的时候,招商局义不容辞地投入抗日大潮当中;当内战的恶魔吞噬中国人民的时候,招商局又可耻地充当了国民党打内战的工具。功过是非,泾渭分明,功难补过,过也不能抹功。读了下面的文章,相信你自会有正确的判断。

抗战时期的招商局

招商局收归国营后,在刘鸿生的主持下,经营略见起色。但时不我与,1937年抗日战争爆发了。招商局——全国最大的国营航运企业,自然义不容辞地投入到了抗击日本侵略者的洪流之中。

那么,招商局为抗日战争作过哪些贡献呢?首先,要塞沉船御敌。为了阻挡和延缓日军的进攻,为我军民及物资的后撤赢得时间,国民党政府在1937年8月11日作出决定,征用各类船只沉于港口要塞。招商局慨然应征,先后在江阴、马当、田家镇等要塞共沉船

24艘，谱写了一曲共赴国难的悲壮之歌。其次，抢运物资、人员后撤。沪战开始以后，沿海航线及通往华北的铁路先后被日军切断，长江内河成了战时交通的主干动脉。招商局同中国其他航运公司互相配合，共同承担起战时军事运输和客货运输的繁重任务。从1937年8月至1938年10月武汉沦陷前，共运输军队58万余人，旅客及难民35.9万余人，军公物资28.6万余吨，商货19.1万余吨。

同时，招商局为抗日战争付出了巨大的牺牲。其中船舶损失73艘，人员伤亡69人，据战后统计，招商局在整个抗战期间，财产损失2600余万美元，营业损失2.8亿多美元，合计达3亿多美元。这是日本侵略者对中国航业犯下的滔天罪行。

② 抗战胜利后的招商局

抗战胜利后，饱受战灾摧残的招商局，开始走上了一条短暂繁荣的发展之路。但内战的烽火，终于燃尽了招商局近代的航运之梦。

说其短暂繁荣，是由以下事实构成的。其一，船舶拥有量骤增。抗战胜利后，亦即1945年8月，招商局受命接收敌伪有关水运的产业和船舶，到1946年底，计收各类大小船舶2358艘，24万多吨。其中一部分留局自用（或待整理留备自用，或代为保留），一部分作其他处理（或发还原主，或标价让卖，或拨交其他机关，或租与其他航运公司使用）。留局自用的计有

314艘、8万多吨。加原有的18艘、2万多吨,共有船舶332艘、10万多吨。在接收敌伪船舶的同时,又向美国、加拿大订购船舶。截至1948年6月,招商局购买外国的大小轮船共144艘、30万吨左右。如此一来,在短短3年内,招商局便拥有了一支40万吨左右的庞大商船队。其二,多条航线的恢复、增辟与营运。抗战胜利后,对于招商局来说,头等大事就是尽快恢复、增辟新航线,使船舶早日投入营运。到1946年,招商局陆续恢复和增辟营运的航线有:北洋线的海州、青岛、天津、秦皇岛、葫芦岛、营口;南洋线的宁波、镇海、温州、福州、厦门、汕头、香港、广州、海口、基隆、高雄等港埠。长江内河沿线计有镇江、南京、芜湖、安庆、九江、汉口、沙市、宜昌、万县、重庆等港埠。

到1948年9月,招商局在沿海共计有11条航线投入营运。货运主要是土特产、生活资料及工业品。长江货运以汉口为中心,进口货主要是面粉,其次为杂货、汽油、食盐、煤、大米等,出口或转口货以杂货为主,其次为面粉、盐、药材、大米、烟叶等。

这一时期招商局营运的最大特点,就是充当国民党政府打内战的运输工具。下列触目惊心的数据,最能反映问题:1947年,为国民党运兵员96万多人次,军需品44万多吨;1948年1~9月运兵员97万多人次,军需品43万多吨。1945年9月至1949年5月,共运兵员342.4万人次,军需品154.2万吨。

在恢复、增辟沿海、内河航线的同时,更多的是开辟远洋航线。这些远洋航线包括：上海—曼谷线；上海—香港—新加坡—加尔各答线；上海—香港—新加坡—孟买线；上海—香港—西贡线；上海—厦门—马尼拉线；上海—香港—海防线；上海—高雄—马尼拉线；上海—日本线；上海—榆林—日本线；上海—关岛及太平洋其他各岛线。在这些远洋航线上，招商局承运的货物大多为大米、玉米、水泥、食盐、食糖、矿砂等大宗物资。值得一提的是从1946年底至1948年9月，招商局先后派海陇、海黔、海康、海辽等轮前往日本冲绳、佐世保、神户、横须贺、大阪等地承运日本战争赔偿物资，并接运侨胞回国，同时将日俘、日籍船员等运送日本。

其三，建立了垄断航运的体系。战后，招商局凭其急剧膨胀的经济实力，急欲建立垄断全国航运市场的体系。

首先，建立以招商局为中心的官僚资本航业。

1946年10月，招商局与台湾省行政长官公署合资组成台湾航业公司，推举招商局总经理徐学禹为董事长。台湾省政府通令省属生产贸易机构，所有物资统归台航优先承运。

1947年2月，招商局又与中国石油公司合组成立中国油轮公司，以此垄断国内江海各埠石油产品运输以及石油产品从国外输入和从内地各埠输出桐油及其他油料。

其次，建立以招商局为中心的航业联营。

1947年成立的全国轮船商业同业联合会（以下称

船联），招商局拥有绝对的发言权。船联在揽载货运、分配吨位、统一运价及争取货源方面，绝对受招商局的支配。招商局对民营航业能够与自己抗衡的公司，则采取各种手段予以排挤和打击。以民生公司为例，就能很好地说明这一问题。战后民生公司向长江下游及沿海发展航运，招商局以其特殊地位总揽长江下游与沿海向长江上游的转口运输，迫使民生公司开往上海应差的船只放空返回重庆。招商局承运的大批台糖，根本不予民生公司运输份额。同时，还跌价与民生公司竞争。与之同步的卑劣手法还有以较高的待遇，从民生公司拉走一部分船长、大副、轮机长等高级船员。扶植以官僚资本为后台的强华公司，经营川江航运。以图挤垮当时中国一家最大的民营航业——民生公司。

通过上述手段，招商局终于建立起了垄断航运的体系。

至此，招商局在战后短短几年内，航运业绩达到了顶峰。

但在其顶峰的背后，却潜伏着危机。从 1946 年起，是招商局管理状况极度混乱，海损事件极为频繁的时期。1946 年 6 月 7 日，"江和"轮在巫峡老鼠处附近因避木船而触礁，前后舱均被撞裂，船前半身搁在乱石堆上，大量江水涌入舱内，10 日后才得以脱险。11 月 14 日晨 9 时，"华 201 艇"沿川江下驶，在忠县以下王爷庙附近触礁，机舱与油舱均被洞穿，5 分钟后沉没。12 月 28 日，停泊广州黄埔港的"汉民"轮发生大火，浓烟滚滚，幸亏扑救及时，才没有全部烧毁。

1947年4月21日午后,停泊上海港的"海黄"轮被顺流进口的丹麦商轮撞伤船尾,系在浮筒前后的钢丝缆全部断裂,"海黄"失去控制,向前冲撞,又碰上英国商船,"海黄"轮船头船尾均被损坏。最为惨绝人寰的惨案是"江亚"轮事件。

"江亚"轮原是招商局汉口分局1946年接收的敌伪船只,原名"兴亚",3730总吨,2500马力,时速12海里。该轮后改行沪甬线,1947年增添舱位,共可载乘客2000余人。由于管理不善,"江亚"轮在失事前已出现某些征兆,8月间该轮曾在甬江口下白沙附近险些与机帆船"华象"号发生碰撞。

1948年12月3日,"江亚"轮从上海驶往宁波;额令乘客本应为2250人,但该轮严重超载,实际乘客总数达2607人,全船员工191人。下午6时45分,"江亚"轮驶抵吴淞口外横沙西南白龙港附近(东经31.15°,北纬121.47°),突然发生爆炸,全船顿时沉没,死难旅客与船员达1483人(根据当时海事部门及海军专家调查判断,"江亚"轮失事原因绝非锅炉爆炸,也不是航线错误,但爆炸原因究竟是由于受水雷攻击,还是货物内藏有烈性爆炸物,抑或其他原因,一直未作结论)。招商局在事件发生后,派出潜水员95人,连同小工106人,另有日籍打捞技术人员8人,分作9班打捞尸体。从10月6日至19日,共打捞出尸体1244具,到12月28日止,共捞出尸体1280具,其中12岁以下孩童尸体233具。

"江亚"轮事件是中外航海史上所发生的最大海难

之一，其死亡人数仅次于1912年4月发生在北大西洋的"铁达尼"号触冰山沉没事件（这次海难死难1517人），在中国近代航海史上更是一次空前严重的海难，其死亡人数之多、景象之悲惨实为中外罕见。

"江亚"轮失事之后，出现种种丑恶现象。该轮沉没时，一些轮艇见死不救，或者趁机抢劫财物，或者对有关营救人员进行要挟。招商局派往营救旅客和打捞尸体的一些轮驳也同样丑态百出，如"国强"拖轮上的一些人在载运"江亚"轮遇难旅客返沪时，趁机窃取死者遗物，为此事被局方开除者达8人之多。招商局主管者唯恐事态扩大，总经理徐学禹特于12月14日发出通知，规定招商局人员不得"随意对外发言，以免错误纷歧"，实际上是要堵塞人口，掩盖事件真相。

招商局虽然对这次重大海损事件采取了一些善后措施，如慰问死难船员的家属，公告脱险船员、旅客的姓名，办理遇难船员、旅客登记，免费遣送遇难船员与旅客家属赴沪领尸，免费接送脱险旅客，并与宁波士绅组织的"江亚轮惨案善后委员会"取得联系，接受了该会某些要求。但是，这些善后措施所起的作用是极其有限的，死难者家属要求每人赔偿大米125石，国民党政府交通部及招商局主管者借口"并未判明责任"，拒绝付给赔偿费，仅同意给死难旅客家属每户发救济米15石。遇难旅客家属极为不满，2月8日酿成了一起集众包围招商局的事件。

写到这里，也许会有人问，尽管招商局管理不善，但毕竟一度出现了繁荣的景象，为什么又说这种繁荣是短暂的呢？这便是下面所要回答的问题。

众所周知，国民党燃起的内战之火，到了1948年，已呈自焚之势。国统区经济全面崩溃，人民反内战、反饥饿、反压迫的斗争浪潮汹涌澎湃，国民党在辽沈战役、淮海战役、平津战役的接连惨败，注定了其覆亡的可耻下场。

作为国民党控制下的官僚资本航运企业，自然避免不了其颓败的命运。从1948年下半年起，国民党南京政府开始策划撤退工作。并责令招商局一并撤离大陆。1948年7月，招商局总经理徐学禹召集全局处级以上的人员会议，拟定撤往台湾的计划。至此，招商局建立的航运垄断体系开始走向全面崩溃。

那么，招商局最后的命运如何呢？

1948年7月，招商局拟定了撤往台湾的计划。计划决定：

（1）将原来在长江行驶的大型江轮以及可以出海的拖轮、铁驳修理船、仓库船等，全部撤往台湾。

（2）海轮照常在海外行驶，必要时全部集中台湾，接受台湾的调配。

（3）浦东修船厂的全部机器、工具、器材、物料连同全体职工都撤往台湾，与台湾造船厂合并。

（4）把江南造船厂建造尚未竣工的5000吨级客货轮"伯先"号拖往台湾。

（5）各处、部、室的卷宗、档案、账册等整理装箱，准备运往台湾。

到 1949 年初，招商局在北洋的业务基本结束。

1949 年 3 月，招商局又进行了机构改组。胡时渊就任总经理，徐学禹任董事长。同时，胡留上海主持局务，徐撤台湾总揽全局。

1949 年 4 月，招商局大规模撤往台湾。胡时渊等人在中国共产党的感召下，留在上海，做好护产工作。

1949 年 5 月，上海解放，市军管会接管招商局。

上海解放后，南北洋及长江沿线各分局均归人民所有。到 1949 年 10 月，所有留存大陆的局产，均由人民政府军事接管。

招商局——这个具有 77 年历史的中国近代最大的航运企业，终于成为人民的公有财产，招商局的历史从此也揭开了崭新的一页。

十五　近代民族轮航业的楷模
——民生公司

创办于 1925 年 10 月 11 日的民生实业股份有限公司（以下简称民生公司），是中国近代最大的民营资本航运企业。她的创始人——卢作孚，曾被毛泽东誉为近代四个不能忘记的实业家之一。

1. 卢作孚与"民生轮"

卢作孚，原名卢思，1893 年 4 月 14 日，出生于四川合川县北门外杨柳街的一个小商贩家庭。他自幼聪颖好学，博闻强记。曾先后担任中学教师，并于 1919 年 8 月接替李劼人任川报社社长兼总编辑。1919 年 6 月，他成为首批少年中国学会会员，热忱宣传"五四"精神，倡导"教育救国"的主张。他依靠军阀杨森的支持办学校，创通俗教育会，兴建图书馆、阅览室，踌躇满志，一心想大展"教育救国"的抱负。殊不知 20 年代的四川，军阀混战，割据一方，胜者为王败者寇。1925 年的夏天，随着杨森的下台，他为之殚精竭虑的民众教育运动,也如昙花一现,半途夭折了。他慨叹依靠军政界个别人的支持来办文化教育事业的道路是走不通的。只有建立起一个坚实的实体,走"实业救国"的道路,才能真正实现国家的昌盛。

1925 年 8 月,怀抱"实业救国"理想的卢作孚回到了故乡合川。他与几个志同道合的人,在 10 月 11 日这天,毅然决定成立"民生实业股份有限公司",寓意孙中山的民生主义。公司的宗旨"促进交通,开发产业"。办交通,首办航运;办航运,必有船舶。卢作孚等人四方奔走,募集股本,造一只能航行重庆至合川的内河小轮。终于在 1926 年 5 月,在上海合兴船厂订造的一艘长 22.86 米,宽 4.27 米,深 1.52 米,总吨位 70.6 吨的专作客运的浅水小轮船竣工。这是民生公司的第一艘船,故以公司的名称命名为"民生轮"。

"民生轮"逆江而上,破洪水,闯险滩,1926 年 8 月 30 日,胜利驶抵合川码头。从此,民生公司开始了艰难的航运之路。

❷ "化零为整",称雄川江

"民生轮"首辟渝合线获得成功,两年后,又先后增加了"民用"、"民望"两轮,初步在短途运输中站稳了脚跟,开始瞄准整个川江航运。

而 20 世纪 30 年代初期的川江各航运企业,面临着异常严峻的生死考验。四川军阀"二刘"(刘湘、刘文辉)之间的兼并战争,使得四川经济萧条,进出口总值锐减。原来船少货多时，由宜昌到重庆，棉纱一件，价（运费）至三十两；统舱一人，（票）价至五十元。现在货少船多时，同样宜昌到重庆，棉纱一件，尚不足四两；统舱一人五元票价，也少有人购票。这样的局面，对于财大气粗，垄断川江航运的外国轮航企业来说，仅是一个小小的打击，而对那些中小华航企业来说，无异雪上加霜，算得上致命打击了。就连历史最悠久、规模最大的川江公司，从1908年成立到1932年的二十多年中，七十万两股本完全折光外，也还负债五十万两，股东的股本完全损失。

为了避免华轮全军覆没，卢作孚呼吁川江华轮要统一起来，一致对外。军阀刘湘也从统一四川大业着想，认为川江华轮只是一条船、两条船的小公司，无法与外轮的大公司相抗衡，希望华轮联合起来，共同对抗外轮的竞争倾轧。但华航界大多数人各怀私见，虽经协商，无法达成一致。刘湘也顿感勿如先扶植一个小公司，使其壮大起来，然后再逐一归并那些小公司。要扶植这样一个小公司，其主持人的声望、才能、卓识就成为至关重要的条件。刘湘自然想到了卢作孚，认为卢作孚堪此大任。

为了提高卢作孚在川江航运界的声望，刘湘委任卢作孚为川江航务管理处处长。刘湘的做法与卢作孚的愿望并行不悖，卢作孚欣然从命。

就任后的卢作孚，果断地做了两件大快人心的事。第一件事，请求军事机关扶植航业，兵差必须给煤、给费。如果用轮船，上面装兵的时候，须让轮船公司在船舱下面装货，军人搭船必须购票，严格维持码头秩序。第二件事，要求所有进出重庆港的中外轮船，必须向川江航务管理处结关，经航管处士兵上船检查之后，才能上下客人或装卸货物，任何乘客或船员上下船，航管处士兵均有权检查。针对这一规定，日本首表强烈不满。早在1924年11月，日本的一艘"德阳丸"轮船，走私劣币，被重庆军警督查处查获，日本人不但不认罪，反将检查人员打伤，投入江中溺死。事后不了了之。所以，卢作孚的这一规定，日本人根本不放在眼里，并且口出狂言：小小重庆港竟敢派兵上船检查，有辱大日本帝国的体面。拒不接受检查和结关。为了打击日本人的嚣张气焰，维护国家的尊严，卢作孚联合码头装卸工人，共同联合斗争。码头工人组织起来，拒绝装卸不接受检查船只的货物；码头工人所受损失，由航管处负责补偿。

如此一着妙棋，迫使停泊江心日久的日本日清公司的轮船不得不派代表到航管处赔礼道歉，同意结关，接受检查（重庆港设备落后，船只到港只能停在江心，用人工将货物卸在小船上，运到江边，用人工扛上江岸）。其他外轮，亦只好效法。如此一来，卢作孚的声誉鹊起，也为民生公司以弱小公司合并川江华轮公司奠定了政治基础。

任职半年的卢作孚辞去了航管处处长一职，着力于合并川江华轮的工作。

1930~1935年，民生公司总计合并或收购了华轮28艘，外籍轮船15艘。

这时，整个长江航线堪与民生争锋的只有太古（英）、怡和（英）、日清（日）、招商（华）四大公司了。而川江一线，完全被民生公司垄断，称雄川江的愿望最终实现了。

3 任人唯贤，事业兴旺

民生公司十年来，连创佳绩，称雄川江，实得力于公司的管理制度。公司创建伊始，便废"包办制"，行"四统制"。

什么是"包办制"呢？"包办制"又称三包制，即人事承包、事务承包、物品承包，是典型的买办制度。

什么是"四统制"呢？"四统制"即船上人员统一由公司任用，任人唯贤，不准滥用私人；船上财务统一由公司掌握，一切收入归公司所有不许营私舞弊；船上油料燃料消耗统一由公司定额核发，节约有奖，全船由船长统一指挥，不准各自为政。

"四统制"的核心就是用人制度。用人的标准是德才并重。所谓德，即工作人员必须有为公司和国家效力的理想和毅力；所谓才，即必须有实际的工作能力。

如水手出身的张干霆，原为上海某轮船公司的工程师，因无学历不受重用，但其精明强干，事业心强，1931年被民生公司聘到公司任职，并在1933年委任他主持打捞"万流"轮。"万流"轮是怎么回事呢？原来"万流"轮本是英商太古公司的一只千吨轮船，

1933 年触礁沉于重庆下驶长寿县境内的柴盘子。太古公司委托上海打捞公司进行打捞，打捞公司实地勘察后，认为根本没有打捞的希望。太古公司便出价五千元予以拍卖给了意在打捞的民生公司。在张干霆的主持下，打捞获得成功。茶房出身，长期担任本船舵工、领江的周海青，具有丰富的航运知识和经验，被民生公司破格聘为"民权"、"民本"等大船的船长。相反，对于办事马虎，抽大烟，屡教不改的卢魁杰（卢作孚胞弟），卢作孚亲笔批示"立即除名，永不使用"。

对于公司录用一般的职员，则采取考试的办法。如 1933 年公司招考船员 60 名，报考者竟达 267 人，其中有相当一部分读书人。在 1933 年 8 月招考练习生的考试中，报考人数高达 391 人（成都地区），最后只录用了 15 人。被录用的人员，先要经过公司的业务培训和"民生精神"的教育（民生精神包括热爱祖国、热爱公司、优质服务、艰苦创业等内容），然后才能正式上岗。到 1936 年底，公司共招考录用了 3580 人，占当时职工人数的 93%。其中，许多人成为公司的基层骨干力量。

公司的任人唯贤制度，确保了公司由小到大，由弱到强；开创了企业向社会公开招聘人才的新风气。

4. 共赴国难，抗战有功

民生公司称雄川江后，正准备开拓长江中下游航线之际，1937 年 7 月 7 日，日本发动了全面的侵华战争，中国抗日战争开始了。民生公司也以全部的人力、物力，投入到了这场挽救国家危难的抗日洪流之中。

从1937年9月起，公司便进行了规模空前支援前线的军事抢运工作。到1945年抗战胜利止，公司共运送出川的部队和壮丁人数达2705000人，弹药武器等30余万吨。

更为悲壮和令人感奋的是在抢运撤退入川的人员和物资工作中。如1941年8月22日，"民族轮从巴东运送抗日伤病官兵及旅客入川。船行青石洞，忽遇敌机轰炸，船员死70人，伤兵及旅客伤亡180人"。诸如此例，不胜枚举。以下的数据更能说明一切：公司在抗战运输中，共牺牲船员117人，伤残76人，被炸船舶69艘。因此冯玉祥将军称其为"爱国公司"。

5 扬威海洋，夙愿以偿

抗战胜利后，民生公司按照卢作孚在1938年设想的要让悬挂"民生旗"的轮船，航行在世界海洋的宏愿，积极开拓沿海、远洋航线。

1946年8月30日，在经过充分准备的基础上，"民众"轮首驶台湾成功。旋开上海—台湾的申台航线。继而又增辟基（隆）—天（津），基—海（口），基—汕（头），基—厦（门）等航线。与之同步并举的是又先后开辟了上海至广州、汕头、福州、宁波、青岛等南北洋航线，民生公司扬威海洋的夙愿初步实现。

在沿海航线成功开辟的精神鼓舞下，民生公司又尝试开辟远洋航线，1948年4月24日，公司所属"南海"轮首航日本，并于5月17日胜利返抵香港，完成了港日航线的处女航。1949年1月，公司所属"绥远"轮自香港经曼谷驶往新加坡。不久，开辟了香港—曼谷、曼谷—新加坡航线。如此，悬挂"民生旗"的轮船往来行驶于南洋和日本等国港口的水域。

6 "民生精神"的崩溃

抗战胜利后，民生公司在长江一线的业务一落千丈。一方面，内战爆发，客流量锐减；另一方面，公司船舶被国民党当局强拉官差；再者，长江航运业务基本被招商局垄断，招商局利用强华公司同民生公司争夺长江中上游的业务。更为甚者，招商局还以较高的待遇，从民生公司拉走一部分航长、大副、轮机长等高级船员，使民生公司面临缺乏技术船员的困难。

民生公司在长江航运收益的锐减，动摇了民生公司赖以生存的根本。同期，民生公司在国外贷款买船的还款期限已到，又加剧了公司本已不佳的财务状况。许多高级职员另谋高就，卢作孚为之倡导的"民生精神"已不复存在。卢作孚的"实业救国"的理想，终于在国民党发动内战的历史环境下，宣告破灭。

中华人民共和国成立后，历经沧桑的民生公司才得以新生。

《中国史话》总目录

系列名	序号	书名	作者
物质文明系列（10种）	1	农业科技史话	李根蟠
	2	水利史话	郭松义
	3	蚕桑丝绸史话	刘克祥
	4	棉麻纺织史话	刘克祥
	5	火器史话	王育成
	6	造纸史话	张大伟 曹江红
	7	印刷史话	罗仲辉
	8	矿冶史话	唐际根
	9	医学史话	朱建平 黄健
	10	计量史话	关增建
物化历史系列（28种）	11	长江史话	卫家雄 华林甫
	12	黄河史话	辛德勇
	13	运河史话	付崇兰
	14	长城史话	叶小燕
	15	城市史话	付崇兰
	16	七大古都史话	李遇春 陈良伟
	17	民居建筑史话	白云翔
	18	宫殿建筑史话	杨鸿勋
	19	故宫史话	姜舜源
	20	园林史话	杨鸿勋
	21	圆明园史话	吴伯娅
	22	石窟寺史话	常青
	23	古塔史话	刘祚臣

183

系列名	序号	书名	作者	
物化历史系列（28种）	24	寺观史话	陈可畏	
	25	陵寝史话	刘庆柱	李毓芳
	26	敦煌史话	杨宝玉	
	27	孔庙史话	曲英杰	
	28	甲骨文史话	张利军	
	29	金文史话	杜 勇	周宝宏
	30	石器史话	李宗山	
	31	石刻史话	赵 超	
	32	古玉史话	卢兆荫	
	33	青铜器史话	曹淑琴	殷玮璋
	34	简牍史话	王子今	赵宠亮
	35	陶瓷史话	谢端琚	马文宽
	36	玻璃器史话	安家瑶	
	37	家具史话	李宗山	
	38	文房四宝史话	李雪梅	安久亮
制度、名物与史事沿革系列（20种）	39	中国早期国家史话	王 和	
	40	中华民族史话	陈琳国	陈 群
	41	官制史话	谢保成	
	42	宰相史话	刘晖春	
	43	监察史话	王 正	
	44	科举史话	李尚英	
	45	状元史话	宋元强	
	46	学校史话	樊克政	
	47	书院史话	樊克政	
	48	赋役制度史话	徐东升	
	49	军制史话	刘昭祥	王晓卫

系列名	序号	书名	作者
制度、名物与史事沿革系列（20种）	50	兵器史话	杨毅 杨泓
	51	名战史话	黄朴民
	52	屯田史话	张印栋
	53	商业史话	吴慧
	54	货币史话	刘精诚 李祖德
	55	宫廷政治史话	任士英
	56	变法史话	王子今
	57	和亲史话	宋超
	58	海疆开发史话	安京
交通与交流系列（13种）	59	丝绸之路史话	孟凡人
	60	海上丝路史话	杜瑜
	61	漕运史话	江太新 苏金玉
	62	驿道史话	王子今
	63	旅行史话	黄石林
	64	航海史话	王杰 李宝民 王莉
	65	交通工具史话	郑若葵
	66	中西交流史话	张国刚
	67	满汉文化交流史话	定宜庄
	68	汉藏文化交流史话	刘忠
	69	蒙藏文化交流史话	丁守璞 杨恩洪
	70	中日文化交流史话	冯佐哲
	71	中国阿拉伯文化交流史话	宋岘

系列名	序号	书名	作者
思想学术系列（21种）	72	文明起源史话	杜金鹏　焦天龙
	73	汉字史话	郭小武
	74	天文学史话	冯时
	75	地理学史话	杜瑜
	76	儒家史话	孙开泰
	77	法家史话	孙开泰
	78	兵家史话	王晓卫
	79	玄学史话	张齐明
	80	道教史话	王卡
	81	佛教史话	魏道儒
	82	中国基督教史话	王美秀
	83	民间信仰史话	侯杰
	84	训诂学史话	周信炎
	85	帛书史话	陈松长
	86	四书五经史话	黄鸿春
	87	史学史话	谢保成
	88	哲学史话	谷方
	89	方志史话	卫家雄
	90	考古学史话	朱乃诚
	91	物理学史话	王冰
	92	地图史话	朱玲玲
文学艺术系列（8种）	93	书法史话	朱守道
	94	绘画史话	李福顺
	95	诗歌史话	陶文鹏
	96	散文史话	郑永晓
	97	音韵史话	张惠英
	98	戏曲史话	王卫民
	99	小说史话	周中明　吴家荣
	100	杂技史话	崔乐泉

系列名	序号	书名	作者
社会风俗系列（13种）	101	宗族史话	冯尔康　阎爱民
	102	家庭史话	张国刚
	103	婚姻史话	张　涛　项永琴
	104	礼俗史话	王贵民
	105	节俗史话	韩养民　郭兴文
	106	饮食史话	王仁湘
	107	饮茶史话	王仁湘　杨焕新
	108	饮酒史话	袁立泽
	109	服饰史话	赵连赏
	110	体育史话	崔乐泉
	111	养生史话	罗时铭
	112	收藏史话	李雪梅
	113	丧葬史话	张捷夫
近代政治史系列（28种）	114	鸦片战争史话	朱谐汉
	115	太平天国史话	张远鹏
	116	洋务运动史话	丁贤俊
	117	甲午战争史话	寇　伟
	118	戊戌维新运动史话	刘悦斌
	119	义和团史话	卞修跃
	120	辛亥革命史话	张海鹏　邓红洲
	121	五四运动史话	常丕军
	122	北洋政府史话	潘　荣　魏又行
	123	国民政府史话	郑则民
	124	十年内战史话	贾　维
	125	中华苏维埃史话	杨丽琼　刘　强
	126	西安事变史话	李义彬
	127	抗日战争史话	荣维木

系列名	序号	书名	作者	
近代政治史系列（28种）	128	陕甘宁边区政府史话	刘东社	刘全娥
	129	解放战争史话	朱宗震	汪朝光
	130	革命根据地史话	马洪武	王明生
	131	中国人民解放军史话	荣维木	
	132	宪政史话	徐辉琪	付建成
	133	工人运动史话	唐玉良	高爱娣
	134	农民运动史话	方之光	龚 云
	135	青年运动史话	郭贵儒	
	136	妇女运动史话	刘 红	刘光永
	137	土地改革史话	董志凯	陈廷煊
	138	买办史话	潘君祥	顾柏荣
	139	四大家族史话	江绍贞	
	140	汪伪政权史话	闻少华	
	141	伪满洲国史话	齐福霖	
近代经济生活系列（17种）	142	人口史话	姜 涛	
	143	禁烟史话	王宏斌	
	144	海关史话	陈霞飞	蔡渭洲
	145	铁路史话	龚 云	
	146	矿业史话	纪 辛	
	147	航运史话	张后铨	
	148	邮政史话	修晓波	
	149	金融史话	陈争平	
	150	通货膨胀史话	郑起东	
	151	外债史话	陈争平	
	152	商会史话	虞和平	
	153	农业改进史话	章 楷	
	154	民族工业发展史话	徐建生	
	155	灾荒史话	刘仰东	夏明方
	156	流民史话	池子华	
	157	秘密社会史话	刘才赋	
	158	旗人史话	刘小萌	

系列名	序号	书名	作者
近代中外关系系列（13种）	159	西洋器物传入中国史话	隋元芬
	160	中外不平等条约史话	李育民
	161	开埠史话	杜 语
	162	教案史话	夏春涛
	163	中英关系史话	孙 庆
	164	中法关系史话	葛夫平
	165	中德关系史话	杜继东
	166	中日关系史话	王建朗
	167	中美关系史话	陶文钊
	168	中俄关系史话	薛衔天
	169	中苏关系史话	黄纪莲
	170	华侨史话	陈 民　任贵祥
	171	华工史话	董丛林
近代精神文化系列（18种）	172	政治思想史话	朱志敏
	173	伦理道德史话	马 勇
	174	启蒙思潮史话	彭平一
	175	三民主义史话	贺 渊
	176	社会主义思潮史话	张 武　张艳国　喻承久
	177	无政府主义思潮史话	汤庭芬
	178	教育史话	朱从兵
	179	大学史话	金以林
	180	留学史话	刘志强　张学继
	181	法制史话	李 力
	182	报刊史话	李仲明
	183	出版史话	刘俐娜

系列名	序号	书名	作者
近代精神文化系列（18种）	184	科学技术史话	姜 超
	185	翻译史话	王晓丹
	186	美术史话	龚产兴
	187	音乐史话	梁茂春
	188	电影史话	孙立峰
	189	话剧史话	梁淑安
近代区域文化系列（11种）	190	北京史话	果鸿孝
	191	上海史话	马学强 宋钻友
	192	天津史话	罗澍伟
	193	广州史话	张 苹 张 磊
	194	武汉史话	皮明庥 郑自来
	195	重庆史话	隗瀛涛 沈松平
	196	新疆史话	王建民
	197	西藏史话	徐志民
	198	香港史话	刘蜀永
	199	澳门史话	邓开颂 陆晓敏 杨仁飞
	200	台湾史话	程朝云

《中国史话》主要编辑出版发行人

总　策　划	谢寿光	王　正	
执行策划	杨　群	徐思彦	宋月华
	梁艳玲	刘晖春	张国春
统　　筹	黄　丹	宋淑洁	
设计总监	孙元明		
市场推广	蔡继辉	刘德顺	李丽丽
责任印制	岳　阳		